綠豆粉圓爸遇見阿德勒的九堂教養課

別教孩子聽話，又教孩子別聽話！
自我啟發從小灌溉，
讓爸媽懂自己、也讓孩子做自己

作者／趙介亭

推薦序

阿德勒教養之新代言人

趙介亭先生的出現，翻轉了臺灣社會普遍的家庭教養模式，也改變了傳統父親角色的樣貌。

三十多年來，因爲工作，我接觸了許多努力提升親職效能的家庭，但大部分的主角都是媽媽。即或有爸爸的身影，多數也僅停留在陪伴媽媽的位置。介亭則是極其少數，不但專注投入，且主導著整個家庭教養的爸爸。甚至是脫穎而出，憑藉著他清晰的思慮、流利的口才、順暢的文筆，加上深具幼教專業溫柔貼心的太太王文伶小姐的支持，教養出成熟健康的兩兄弟，同時也成爲新一代父母成長帶領人的新秀。

介亭的出現，對我也是驚喜。

二○○八年，因爲弟弟過世，在其好友的協助下，我頂下板橋明德街的奇奇補習班，請弟媳管理以轉移傷痛。同時，我也把人文展賦教育理念帶進了課後教育領域。這期間，剛好介亭成了家庭主夫並主導一個相當規模的PG（play group）。他爲了讓團隊的爸媽們增進教養知能，找上了我；而我，也找到了得以傳承理念的大將。

二○一一年，海南島臺灣企業家林先生讓三個女兒就讀人文無學籍行動高中及人文國中，有機會認識人文展賦教育的系統後，他應我之邀，爽快地提供了資金，協助成立「人文展賦國際文教事業股份有限公司」。自然而然，介亭成了首任的執行長。從此，因為介亭，人文展賦教育得以走進社會企業的領域。

這本書的主要內容是建立在介亭執行長經營展賦教育文創的「優幼方案」及小學階段非學校型態實驗教育中，來回於理論與實務的對話經驗。「優幼方案」的出現，是介亭所帶領的PG給了機會。二、三十年的實務經驗，加上十幾年的教育、諮商及心理治療的國內外碩博士學程，我清楚地看到幼年經驗對於個體性格成長及天賦開展的關鍵影響，同時也找到了相對的教養策略，所以開發了「優幼方案」。

「優幼方案」有兩大任務：優化性格結構及拓展感官潛能。這兩項任務的執行，必須在類似介亭帶領的PG、有父母參與的親子團體，才有可能完成。因為唯有觀察親子互動的模式，才能研判當事者家庭所提供的孩子性格發展的架構如何？是否可以再優化？以及孩子的感官發展，有沒有被父母教養觀念局限了？因此，最早優幼方案的進行，平日由介亭夫婦以PG的形態，帶領親子活動，並同時觀察與記錄親子間的行為互動模式。我則於每週固定一個時段和父母們見面，提供講座及諮詢，並透過雲端對於父母及介亭夫婦所做的紀錄，給予回饋。

除了持續精益求精、不斷提高「優幼方案」的品質外，隨著綠豆粉圓長大，介亭夫婦更將自己的專業領域，跨進了小學及國中階段的親子教養。例如：本書所談到「大禹治水」及

「異性親子關係在青春期前後的調整」，都是展賦教育提醒人文國中小的學生家長應該特別掌握的教養要領，介亭用了非常正確的說法及具體帶領共學團的親身經驗，將它分享給讀者。顯現，任何人，即使不是教育與心理本科出身，只要像介亭一樣專心投入教育工作，都可以成爲具有實力的教育專業人員。我相信以介亭夫婦的努力和雄心，他們的專業將會隨著孩子的年齡增長，持續地往高年段前進。

更欣喜的是，三十幾年前，我是國內第一位以阿德勒理論完成團體諮商碩士論文的研究生，甚至，在十幾年後，我也將它落實在人文國中小的經營之中。沒想到，現在，在臺灣，阿德勒已經成爲顯學之一。介亭投入這方面的研究心得也非常深，透過他優雅的文筆，使得阿德勒在本書中成爲一位親切的學者，可以讓每位讀者安心地和他對話。尤其，以溫和而堅定的態度，陪伴孩子面對行爲的自然或合理結果的阿德勒教養模式，介亭講述得非常清楚易懂、易行，可以說是國內相關領域的絕佳代表作。

最後，非常希望讀者們，有信心地將本書內容落實在日常的親子互動中。因爲，它不僅是介亭幾年來眞實有效的實務經驗及鑽研阿德勒理論的分享。更有我將近四十年的專業經驗做後盾。保證，幸運的您，讀了本書，認眞執行它，您絕對不會後悔。

文／人文展賦教育基金會創辦人兼專業總監　楊文貴

作者序

教養孩子，父母需要更多勇氣

二〇一〇年，我們開始了以阿德勒心理學為核心理念的「優幼教養」，而我們家是編號一號的創始成員。推動優幼教養的前四年，多數父母和我一樣只聽過佛洛伊德，少數聽過榮格，卻鮮少人知道被稱為心理學三巨頭的「阿德勒」。當時阿德勒的著作或文章並不多，所以我們從阿德勒弟子德瑞克斯（Rudolf Dreikurs）所著《面對孩子的挑戰》開始研讀起，每個章節、每個觀念、每個對孩子的回應，都再再地衝擊著我們原有的教養觀念。

二〇一四年因為岸見一郎《被討厭的勇氣》出版，阿德勒心理學相關的書籍成為了排行榜的熱門，而阿德勒心理學也躍升為顯學，讓很多人得到啓發，進而改變自己，不再被過去所困，而有勇氣迎向更幸福的未來。

相較於心理學的專業，我們更需要的是如何運用在親子、家庭、教養上的做法，因此我開始推動「父母學堂」，帶領父母將阿德勒心理學落實在居家生活當中，「過去我們將孩子交給教養專家，現在我們要成為自己孩子的教養專家」。

幾年的經驗讓我發現，原來父母需要更多勇氣，才能面對現今紛亂紊雜的社會，才能成爲自己孩子的教養專家，因爲我們懂孩子，我們才能給予眞正的寵愛，而不是溺愛和錯愛。

教養孩子，父母需要：

一、被討厭的勇氣

和朋友聚餐，朋友在你面前教訓孩子，打罵、威脅、處罰樣樣都來。父母需要「被討厭的勇氣」，讓朋友知道他被困住了、他沒有方法了，所以才會用最原始的力量、地位、權威來壓制孩子。

回到公婆家，公婆嫌孩子太瘦要強迫餵食；回到爸媽家，爸媽要求孩子背誦九九乘法表，背不出來就冷嘲熱諷。父母需要「被討厭的勇氣」，謝謝長輩的建議，但教養孩子的部分就由父母自己來。甚至若祖孫存在著衝突，要有勇氣減少祖孫的互動機會，孝順是自己的責任，不是孫子孫女的。

二、與衆不同的勇氣

與眾不同，並不是爲反對而反對，而是看懂自己孩子的眞實需求，適時地給予滿足。

當周圍多數人，都把學齡前當成小學先修班時，父母要有「與眾不同的勇氣」，開啓孩子的感官、進行各種不同環境素材的探索、上山下海地玩、大江南北地玩。讓孩子在每個階段都玩個過癮，而不是拿下一個階段來要求孩子先跑。

三、說「不」的勇氣

面對孩子的要求，父母要有「說『不』的勇氣」，分辨哪些是孩子的需求？哪些是孩子的想要？父母滿足孩子的需求，也引導孩子面對想要的感受，進行家庭價值觀的釐清。

面對孩子違反常規的行爲，父母要有「說『不』的勇氣」，以溫和而堅定的態度回應孩子，讓孩子知道有其他的選擇，但違反常規的行爲「不行就是不行」。

四、面對行為結果的勇氣

孩子不吃飯，父母要有陪伴孩子「面對行爲結果的勇氣」，不吃會餓，父母可以表達同理，但不是又準備另一頓餐點或點心，更不是要餵食孩子；孩子不寫功課，父母要有陪伴孩子「面對行爲結果的勇氣」，讓孩子面對隔天老師的回應，而不是成爲老師的幫手，緊盯孩子寫功課的進度，卻賠上了親子關係與信任。

五、改變自己的勇氣

孩子許多惱人的行爲，總讓父母想要立即地改變孩子，反而造成孩子更大的反彈與對立；另一件和自己教養不同調，總讓父母想要立即地改變對方，反而讓另一件更加堅持，然後讓夫妻關係日趨緊繃。

我們改變不了任何人，我們只能改變自己，因此父母要有「改變自己的勇氣」，覺得對的方法與方向，就從自己做起，不用試圖說服或辯論。

六、愛自己的勇氣

每天寫下一件自己很棒的事情。

看似簡單，卻有很多父母卡住了。當要寫下自己很棒的事情時，內心卻有另一個聲音冒了出來：「這有什麼棒的？本來就應該這樣呀。你忘記今天還有什麼事沒做好嗎？」

也因爲這樣的聲音，我們常常給自己、給配偶、給孩子過高的期望與要求，「做得好是應該的，做不好要改進」，然後讓我們自己、配偶、孩子覺得自己永遠不夠好。

父母要有「愛自己的勇氣」，即使一天做了九十九件錯事，但一定能夠找出一件好事，就回饋給自己那一件好事吧。然後，安排和自己的約會，每天、每週、每月要有時間做自己喜歡的事，讓自己充電與增能，而不是每天蠟燭多頭燒。

文／趙介亭

目錄

綠豆粉圓爸遇見阿德勒的第6堂課

共好的親子關係

綠豆粉圓爸遇見阿德勒的第7堂課

溫和而堅定的態度

綠豆粉圓爸遇見阿德勒的第8堂課

自然或合理的結果

綠豆粉圓爸遇見阿德勒的第9堂課

面對孩子的挑戰

情緒挑戰

綠豆粉圓爸遇見阿德勒的第 1 堂課

改變孩子之前，先改變自己

寵愛，不寵壞

聽到「寵愛」兩個字，爸爸媽媽腦海中閃過的畫面是什麼？唯我獨尊的小皇帝、仗勢欺人的小霸王、嬌弱無力的小公主、還是依賴無法獨立的媽寶？

每回我在親職講座或親子團體中，只要談到「寵愛」兩個字，幾乎所有的爸爸媽媽都瞬間抬起頭來、疑惑地看著我。於是我決定換個角度，先不談親子教養，而來談談夫妻關係。

「有多少人，希望被另一件寵愛的請舉手。」所有人都舉手了。

再換個角度，談談自己與原生家庭的關係。

「如果能夠回到小時候，有多少人，希望被爸爸媽媽寵愛的請舉手。」所有人都舉手了。

每個人都需要被寵愛，每個人也都有能力去寵愛別人，這是身爲人類的需求與本能。

「那爲什麼你不敢寵愛孩子？」我問。

「因爲害怕，」想了很久，終於有人說出了這個答案：「怕寵愛變成了溺愛、怕寵愛把孩子寵壞了……」

是啊，當孩子愈生愈少、當家庭愈來愈小、當支援愈來愈遙遠、當社會愈來愈紛亂、當教養資訊愈來愈矛盾，身爲父母的我們，少了很多本能、多了很多害怕。

從十年前孩子出生，就「轉職」擔任全職奶爸的我，也經歷過害怕的過程，孩子的一言一行、一舉一動，彷彿都反映了我這個當爸爸的人是否及格，也彷彿就定義了孩子一生的品格是正是邪。於是我像是教練般緊盯著孩子的言行舉止、設定期待的目標要求孩子達到、經常嚴肅地說理與教誨、然後搭配傳統教養的六個方法：打、罵、恐嚇、利誘、處罰與獎賞。曾經只要我起身，孩子就立刻安靜不說話；只要我的一個眼神，孩子就立刻循規蹈矩。當時的我和周圍的爸媽們，都視這樣的狀況，是一個多麼了不起的成就呀！

「孩子要用教的，不能用寵的。」成了當年我們的座右銘。

然而好景不常，不到半年的時間，朋友說我的孩子就像是雙面人：在我面前是一個樣、在別人面前又是另一個樣，所有我們預設的目標、規矩、教誨，唯有我在的時候，孩子會展現在我的眼前，而當我不在場，沒有人能夠管得動孩子。接著我們發現，孩子要嘗試新事物時，變成畏畏縮縮的；遇到不太熟識的人，會躲到我們身後，呈現著恐懼的神情；甚至在遊戲的過程中，都要經常瞄我一眼，看我有沒有顯露出「很殺」的眼神……

雖然孩子在我的面前很「聽話」，作息也都按表操課，讓我一次帶兩個小孩也不覺得疲累。但我開始覺得「怪怪的」，我和孩子的互動，不太像是親人，倒像是一種老闆與員工、長官與部屬的關係。

「這是我要的親子關係嗎？這是我期望的教養模式嗎？孩子再這麼下去好嗎？」我不斷地問自己。

我雖然沒有寵愛孩子，然而害怕卻也沒有減少。

溫和而堅定的態度，自然或合理的結果

在一次機緣下，我認識了人文展賦教育系統的創辦人：楊文貴博士，邀請他前來和我們分享，楊老師說：「爸爸媽媽要無條件地接納孩子、充分滿足孩子的需求，很多孩子讓父母感到困擾的行爲，不是寵愛太多，而是寵愛不夠造成的……」

當年的我也是瞬間抬起頭、疑惑地看著楊老師。

楊老師接著說：「寵愛，是給孩子充足的愛、完全接納、滿足需求。寵愛是一種態度，不等於放任，需要有創意、有一套精密的設計、複雜得像一部抽絲剝繭的推理小說，比規範和訓練十倍百倍地難……」

當講座主辦人的好處，就是在結束之後，有很多時間可以和講師互動。楊老師說他三十

多年的實務諮詢輔導經驗，一再地印證了，親子教養對於孩子性格的影響是多麼深遠，甚至許多青春期之後孩子的狀況，都可以從六歲之前的親子教養互動模式，找到源頭與癥結點。

「孩子擁有完全的寵愛、完全的依賴，就能完全地負責、完全地獨立。」楊老師強調「優質的幼年經驗」是奠定孩子穩定情緒、健全性格的關鍵要素。

「難道……」我仍然存在著很多困惑與不解。

「眞正的寵愛，是父母用『溫和而堅定的態度』，陪伴孩子面對『自然或合理的結果』。」楊老師補充。

「溫和而堅定的態度，自然或合理的結果」，這兩句看似簡單的話，在之後的幾年深深地烙印在我心裡，甚至一度想要把它做成春聯，貼在家裡的每個門框。

原來，不是父母不應該寵愛孩子，而是明明父母用了另外的方式，卻以爲那是寵愛。原來，我們不是過度溫和卻不堅定，就是過度堅定而不溫和；原來，我們都過度承擔了孩子應該面對的結果。

當我們了解寵愛的意義與方式，我們開始可以拿掉黑臉白臉的鬧劇，可以放棄打、罵、恐嚇、利誘、處罰與獎賞的傳統教養六法，可以安心地賞識孩子的優點，可以放心地表達身爲爸媽的本能：寵愛孩子。

於是我們家從二〇一〇年開啓了優幼的歷程，一直到今天，我的疑問也得到了解答：

「這就是我要的親子關係；這就是我期望的教養模式；孩子再這麼下去，非常好！」

我不再需要害怕，因爲孩子不但可以安心地做自己，同時在親子關係上也達到了一種平衡、信任與互相尊重的境界。

原來，「寵愛不寵壞」是有方法的。你們要試試看嗎？

錯愛和溺愛，比不愛更傷人

一早在公車站，一位媽媽臉很臭地走到旁邊坐下，他的幼兒園兒子慢慢地走過來，外套跟圍兜穿得歪七扭八的，拿著一把傘，另一手拿著咬一半的餐包，表情很委屈，講著雨傘怎樣。

媽媽在旁催促快點吃早餐，兒子快不起來，媽媽一急之下，搶走兒子手上的餐包往他嘴裡塞，小孩的嘴就這麼小，塞住更沒辦法咬，媽媽見小孩都不咬，又動氣了，舉起手就賞了小孩一巴掌。小孩委屈地眼淚掉下來，媽媽似乎意識到麵包太乾，打開保溫瓶灌小孩水，要讓他把麵包吞下，隨後開始幫小孩整理服裝，一邊整理一邊念來不及什麼的，孩子擦擦眼淚，繼續咬著滿嘴的麵包。

看得出來母親是愛孩子的，但這樣不舒服、令人膽戰心驚的相處方式，真的只會耗損親子關係。

類似的場景，頻繁地出現在我們的生活四周。父母不愛孩子嗎？愛呀！但是，孩子有沒有感受到父母的愛？父母給孩子的愛，有沒有條件呢？

答案是，孩子會用行爲來回答父母。

如果孩子有感受到父母的愛，尤其是「無條件的愛」時，親子關係一定是「過著幸福快樂的日子」；如果孩子有感受到父母的愛，但是孩子認爲這是「有條件的愛」時，孩子不是刻意往父母的條件努力打拚，像是飛蛾撲火般犧牲自我；就是哀聲嘆氣、自我放逐，反正怎麼樣也達不到父母的條件。

如果孩子沒有感受到父母的愛，父母一定很清楚，因爲孩子會讓你覺得頭大、頭痛、頭毛在燒，父母像是個疲於奔命的消防隊，撲滅了東邊的火，西邊的火又燒起來了；才解決孩子打人的事件，孩子又去搶別人的玩具了。如果孩子得不到父母的愛，確定得不到了，那麼孩子會從其他人事物的身上，尋找他所追求的愛、關懷與歸屬感。

但如果孩子覺得父母是愛他的，卻又感受不到父母的愛，孩子只能像是「討債集團」般地討愛，手段自然不會客氣。而父母愈是打壓孩子的討愛手段，愈讓孩子覺得父母不愛他，於是一哭二鬧三耍賴的橋段，就會頻頻上演在家庭劇場當中。

幸好，父母可以隨時決定改變，從錯愛孩子，變成寵愛孩子，而且又不會溺愛孩子，一舉三得的好康，怎麼能不學呢？

寵愛四條件：自由、承擔責任、平等、互相尊重

我們談的「寵愛」，是每個人都需要的，包含大人自己，誰不希望被父母寵愛？被另一伴寵愛？被孩子寵愛呢？因此，我們要先爲寵愛「正名」，寵愛是人類的必需品，就像水是人體的必需品一樣。但水能載舟也能煮粥，就像是「溺水」，當水從不適當的管道、進入了不適當的器官，就會造成人體溺水、甚至死亡。

寵愛也是如此，當愛以不適當的方式、進入了不適當的方向，就會造成孩子的「溺愛」，雖不至於死亡，但親子關係，以及孩子的情緒、人際與學習面向，將面臨很多關卡和考驗。

寵愛，指的是在「自由與承擔責任、平等與互相尊重」的親子關係中，「無條件地愛孩子」。自由、承擔責任、平等、互相尊重，四件事情缺一不可。無條件的愛，則是無論孩子做了什麼事、犯了什麼錯、成就到哪裡，都不影響父母對孩子的認定、看法、眼光。

錯愛，往往呈現的是「不自由、不用承擔責任、不平等、沒有互相尊重」，三不一沒有的狀態。就像文章開頭所看到的：孩子一下被媽媽要求、催促著（不自由），一下媽媽又幫孩子整理孩子的服裝（不用承擔責任）；賞了孩子一巴掌（不平等），又硬塞餐包、硬灌水

（沒有互相尊重）。如此的錯愛，比不愛更加傷害孩子的內心與性格發展。

溺愛，呈現的則是「自由、但不用承擔責任；平等、但沒有互相尊重」，有二缺二的狀態。愈來愈多父母，希望走出自己童年被打罵的陰影，想要學習新的教養方式來對待孩子，但一不小心，就會落入了溺愛的陷阱當中。

孩子擁有了無限的自由，只要孩子喜歡、沒什麼不可以，爸爸媽媽還會買給你；但發生了任何的狀況，不是父母承擔了責任，就是父母衝去當孩子的圍事，把責任撇得一乾二淨。或是用「孩子就是會這樣呀」、「打人是正常的發展呀」、「要讓孩子長出自己的力量呀」之類的話語，幫孩子的行爲找藉口。孩子也將平等誤以爲是「我說了算」的平等，或是大人應該要讓小孩的平等。

於是孩子指揮父母做東做西、要求父母唯命是從，不但爬到父母的頭上，還要父母被打不還手、被罵不還口。尊重二字，在這樣的孩子心中，是「單行道」，只有別人要尊重孩子、孩子從來沒有尊重別人的練習。

我知道父母很愛孩子，但請停止錯愛和溺愛吧，讓我們的「寵愛」，成爲孩子茁壯的養分、心靈的滋潤，讓孩子在寵愛中享有自由、同時爲自己負責；感受平等、同時學會與別人相互尊重。

我還不是被打大的

我有沒有打過綠豆和粉圓？當然有，而且還曾經打得很凶。當年的我很相信「玉不琢，不成器」、「養不教，父之過」，孩子做錯事情，我就要讓他深刻地記得這個錯誤，不要再犯，因此「打孩子，是因爲我愛孩子，是因爲我要讓孩子變好」就成爲我的教養信念，還會覺得「打在兒身、痛在爹心」，我也是千百個不願意，如果孩子不做錯事情，我就不用打孩子呀，千錯萬錯，都是孩子犯了錯。

如果當時有人告訴我：「不要打小孩。」我會認爲這樣的父母是溺愛孩子的、是沒有善盡教養責任的。如果有人跟我說：「打小孩會讓孩子變壞。」我也會回擊：「我還不是被打大的，現在也活得好好的呀。」

而我現在卻要告訴你：「不要打小孩。」、「打小孩會讓孩子變壞。」我可以理解你的回應與擔憂，因爲我自己就是過來人。

我們童年的社會充滿著禁止與限制，在強調威權的社會制度裡，就像是在寒冷的冬天，每個人都穿上一層又一層的厚衣服一樣，家庭很自然地存在著上對下的關係、黑臉白臉的相互唱和，父母對孩子打罵、威脅、恐嚇、處罰、獎賞，是很符合當時的社會氛圍的，就連孩子——當年的我們——也不會覺得有什麼好奇怪的。

而如今的社會已經是強調自由、民主、人權的年代，再加上全球化與網路普及的推波助瀾，如果父母仍然堅持採取威權式的教養方法，換來的就是孩子的叛逆和革命。就像是在炎熱的夏天，每個人都是輕薄短少的穿著，若要求孩子穿著厚外套，只會讓孩子更急著想要脫掉而已。

打罵無法讓孩子累積行為經驗

就像服裝換季一樣，父母對孩子的教養方式也要跟著換季。「不要打小孩」，並不表示要溺愛孩子、也不是放棄教養的責任，而是要學會如何在自由、民主、人權的年代，採用「溫和而堅定的態度，自然或合理的結果」的教養法則，讓孩子學會「平等且互相尊重、自由且承擔責任」。

以前的我說：「我還不是被打大的，現在也活得好好的呀。」讓我不禁聯想到「抽菸與肺癌」的關係。我們不能否認，有人抽菸一輩子，也沒有得到肺癌；反而從來不抽菸的人，卻罹患了肺癌。因此有可能孩子被打罵一輩子，也沒有變壞；反而從來沒被打罵的孩子，卻變壞了。

然而如同抽菸一樣，已經被證實對身體是不健康的；打罵、恐嚇、威脅、處罰、獎賞的教養方式，對於孩子心理所造成的損害，也有許多的實證。既然抽菸不健康，何不戒菸呢？當然，繼續抽菸也是一種選擇。既然打罵、恐嚇、威脅、處罰、獎賞的教養方式有損害，何不改變呢？當然，繼續打罵仍然是一種選擇。

人生漫長，過程中直接、間接的關連因素太多了，而幸福快樂美滿的親子家庭關係，一代比一代更好，而不是一代不如一代，才是我們所鼓勵和追求的。世界在進步、社會在改變，親子家庭關係又何必局限在上一代的模式呢？

很多父母問我：「我還不是被打大的，為什麼現在不能打孩子？」、「我們小時候也沒有被無條件地愛過，為什麼現在要無條件地愛孩子？」、「孩子被同學欺負很正常呀，總不能一直保護孩子吧？」

乍聽之下都對，卻讓我感覺到「媳婦熬成婆」的惡性循環：「過去我被打，所以孩子也應該要被打」、「過去我沒有被無條件地愛過，所以孩子也無法得到無條件的愛」、「過去我被欺負，所以孩子也應該被欺負」……如此的循環，總要有一代喊停，重新回歸人性、回到孩子的需求做為出發和考量。我們兒時的愛不夠、不被尊重、不被關心、被學校框架、被老師束縛……不代表孩子也要走同樣的路。唯有父母覺醒，才有可能改變下一代孩子的命運。

從綠豆四歲、粉圓兩歲那年，我下定決定不再打他們後，到現在將近六年的時間，我們實踐著「溫和而堅定的態度，自然或合理的結果」的教養法則，親子關係相當融洽，孩子也具備了獨立、自主、負責的能力。有時候我們會聊到六年前的生活，綠豆和粉圓都還能夠具體說出，我曾經在哪一個情境下打罵過他們，他們對於被打罵時的恐懼、不安和難過印象深刻，但至於爲什麼被我打罵？我不記得、他們也不記得了。因此也證明了，打罵並無法讓孩子累積行爲的經驗，只是讓孩子爲了趨吉避凶，而將行爲轉爲地下化，或是養成找理由、找藉口、怪別人的脫罪習慣而已。

要改變自己的教養習慣並不簡單，要學習民主的教養模式也不輕鬆，但在了解了社會的演變和孩子的發展之後，我們就有了改變的勇氣與學習的動力了，當然，最終的選擇權還是在你的手中。

打罵我的人怎麼可能愛我

「不要打罵孩子」這句話，就和「要寵愛孩子」一樣，會立刻吸引所有爸爸媽媽的注意力……和擔心。

「不打不罵，是要怎麼教孩子？」

「不打不罵，將來孩子就騎到你頭上了。」

「我們從小也是被打罵長大的，現在還不是活得好好的，也沒有變壞呀。」

這些話語，我們聽很多人講過，我也曾經這麼認爲過。尤其當孩子兩歲之後，原本乖巧聽話的小天使，不知道是怎麼了，開始不想吃飯、不想睡覺、不想洗澡……這也不要、那也不要，彷彿處處都要跟大人唱反調。這時候要爸爸媽媽冷靜以對，似乎不是件容易的事情，尤其像我們整天面對孩子的全職爸媽，一股無名火就在心頭竄燒，隨時都會引爆。

一開始，爸媽大聲且嚴厲地數一、二、三，孩子就會收手；漸漸地數到三也沒用了，必須加上責罵和處罰；沒想到，孩子好像愈來愈痞、愈來愈無所謂，「逼」得大人必須動手打孩子的屁股或手心……這也難怪「愛的小手」始終都是賣場的暢銷商品呀。

還有一些教養書籍，爲了因應爸媽的困境，提出責罵和處罰的原則，例如：責罵要對事不對人、處罰要即時之類的；或是打孩子要用自己的手，才會知道力道的大小……這些歷程，我們和周遭許多的爸媽都經歷過。我們互動的對象，孩子年齡相仿，爸媽聚在一起互吐苦水時，聽到別人和我的困境一樣、做法一致，也就更讓我認定這樣的教養方式沒有錯。直到我遇到了兩個大孩子，讓我決定改變……

一位心急的媽媽找我們求助，她小五的孩子，有天忽然對媽媽說：「媽媽，我從來不覺得妳愛過我。」

媽媽當下嚇壞了，整顆心揪成了一團，只能用微弱的聲音回說：「可是我眞的好愛你啊。」

孩子回答：「每次妳都罵我，卻又說愛我，這算什麼愛？」

然後又有一次，一位國一的孩子，和我分享他與爸爸的關係，他酷酷地說：「我爸總是說他愛我，但是我才不相信呢。」

「爲什麼呢？」我想願意說「愛」的爸爸並不多，孩子應該很幸福才是。

「我爸每次生氣起來就會打我，你說，打我的人，怎麼可能是愛我的？」孩子堅定地說。

回到家，我看著當時四歲的孩子，想像著再過五年、再過十年，他會怎麼看待我們的親子關係？他會知道我愛他嗎？他會了解我打罵是爲了他好嗎？他會懂得打在兒心、痛在爹心的道理嗎？還是他也會說：「我爸才不愛我呢！打罵我的人，怎麼可能愛我？」

錯過的親密關係，就永遠錯過了

我不能預料未來的發展，人生也沒辦法分成實驗組和對照組，但從別的孩子身上的「他山之石」，讓我決定不要再打罵孩子。只是眞實的生活並不是童話故事，不會在我決定不打罵孩子的隔天，就讓我變成溫柔的爸爸；而孩子更是會經歷一段我們俗稱「排毒」的過程：當我們不用打罵的方式後，孩子反而會做出更多欠打討罵的行爲。

於是我們籌創了優幼親子團，熟悉與練習「溫和而堅定的態度，自然或合理的結果」、研究兒童發展歷程，再「修練」自己的性格與情緒（眞的是一段修練的漫長道路呀）。我從每天三大罵（吃飯、洗澡、睡覺這三件事就很好罵了），到三天一小罵，再到三個月都不用打罵。然後和自己對話，找出自己的教養價値觀，回溯許多關鍵困擾的起因，再和優幼家庭進行團體討論（有一個理念相符的支持團體眞的很重要）。三年後，我眞的不需要打罵孩子了，而孩子並沒有因爲我不打罵而變壞，因爲我們彼此尊重、互相在乎，最重要的是，孩子很清楚地知道：我愛他。

每當孩子開玩笑地舉出三年前在哪一個地點、哪一個事件被我打過、罵過，讓我在驚訝他們記憶力的同時，也很慶幸當初做了「不打不罵」的決定。我們也才明瞭，當孩子還小，他很在乎大人的眼光，喜歡贏得眾人的讚賞。為了得到大人的關注，讓自己有存在的感覺，即使不那麼甘心樂意，也會為了迎合大人而調整行為，扮演父母眼中的「聽話的乖孩子」。這樣的孩子，當他進入青春狂飆期，幾乎毫無例外，每一個都叛逆、都我行我素。面對青春叛逆的孩子，父母如果不能妥善處理，只會用高壓政策，或送到更嚴格的學校「接受管教」，那條維繫親子感情的線，因為太脆弱又太緊繃，總是啪一下，應聲斷裂。

孩子的問題行為都是日復一日累積的，當他說出「你從來沒有愛過我」的那一刻，絕不是當下的感受、一時的衝動，而是一年、兩年、三年或更久的累積。問題累積得愈深，不做處理，父母愈難挽回，愈是漸行漸遠，只能看著他的背影。到最後，當這些孩子長大成人，性格穩定後，他們只能有一種認知，就是用力把創傷壓縮到最小，藏在心裡的一個角落，好像體內長了一顆瘤，不致命，但是會痛，千迴百轉的痛。很多人終其一生，都在學習與痛相處。有些人則會重新回頭看待自己的父母和成長，但已經錯過的親密關係，就永遠錯過了。

過去我曾經說：「我們從小也是被打罵長大的，現在還不是活得好好的，也沒有變壞呀。」現在我知道，雖然我沒有變壞，但心底深處是有傷痕的、是有遺憾的；而我的孩子，不用再經歷這樣的受傷與療癒過程。
我們還是需要教養孩子，只是用了別的方式而已，而且效能更好。

別教孩子聽話，又教孩子別聽話

朋友說他的孩子在學校裡，只要同學跟孩子說「你不怎麼樣，我就不要跟你玩囉」或是「我就不要當你的朋友囉」之類的話，孩子就會乖乖就範，什麼狗屁倒灶的事情都跟著朋友做了。近期的新聞事件，讓朋友很擔心，孩子現在年紀還小，做的事情還不至於太過誇張；等到再大一點，會不會朋友叫孩子吸毒、殺人、放火……孩子也都會聽話照做呢？

「所以我跟孩子說，如果朋友叫你吃大便，你不吃就不要跟你玩了，你會不會去吃大便？朋友叫你紅燈過馬路，你不過就不要當你的朋友了，你會不會紅燈過馬路？」朋友很激動地說，「孩子都說不會呀！但今天又跟我說他因爲朋友講了不當你朋友的這句話，然後我家的孩子又聽話去做了，我該怎麼辦呀？」

我請朋友回想孩子在學齡前，他最得意的教養成就、經常在閒聊和我們提到、在臉書上分享的是什麼？

「就是孩子在學齡前超聽話、超乖的呀！」朋友很快就想到了，「現在他都不聽話了，說破嘴好像也沒有什麼用。」朋友有些哀怨和無奈。

我說：「其實你的孩子，還是超聽話、超乖的喔。」朋友瞪大了眼，大概在想我是不是沒有認眞聽他的描述。

「孩子還是超聽話、超乖的，」我把話說完，「只是聽話的對象不是你，而是他的同學。」朋友不太想接受這個事實，卻又無法反駁，只好默默地問：「那我可以怎麼做呢？」

「要做的事情很多，但第一步，是你必須明確地告知孩子：『從今天起，孩子不需要再聽你的話。』」這句話不是第一次說，而通常我說完這句話後，可以看到對方腦海中快速閃過各種情景、五味雜陳的表情。

聆聽自己的內心，做自己的主人

「孩子不需要再聽我的話？這樣我要怎麼教孩子？難道就不管他、不教他嗎？」朋友的疑惑我都懂，因爲很多父母總把教養當成是非題，不是全有、就是全無，但其實教養是申論題，每個孩子——即使是同家庭的孩子——都會有不同的答案和方法。

「父母當然有管教的責任，」我語重心長地說，「但是管教的目的，不是要讓孩子聽話，尤其是聽權威者的話，否則當孩子的生活重心，從家庭轉移到同儕時，就會去聽同儕當中的權威者的話了。尤有甚者，如果父母長期用威脅恐嚇的方式對付孩子，那麼只要同儕運用威脅恐嚇的語句或語氣，孩子當然會乖乖就範，因爲從小的經驗就是如此呀。」

「我認爲父母管教的目的，是要讓孩子逐步地成爲自己的主人，然後爲自己的人生負責。」我和朋友分享在展賦自學團推動的「做自己主人的八把鑰匙」，「自主、自律、自省、自覺、自由、自在、自信、自愛，是我們長期和孩子一起努力的目標，孩子都想要自由自在，但同時孩子也必須自主自律，因此孩子不需要聽我們的話，而是在我們的陪伴、傾聽與引導之下，練習『聽自己的話』。」

「這不是一天兩天的小事，反而可能是長達十多年的教育歷程，」我拍拍朋友的肩膀告訴他，「但第一步，仍然必須先去除權威者的角色：也就是你。然後孩子會經歷一段時間的徬徨失措，要求你爲他出主意、解決問題；同時你也會經歷一段不自覺想要孩子聽你的、但理智又告訴你不可以這麼做的矛盾期。」

人際關係，往往是親子關係的延伸，我們不能期望在學齡前教孩子聽話，但上了小學之後，又期望孩子別聽同儕的話。身爲父母的責任，是讓孩子從小練習聆聽自己內心的聲音、爲自己做決定，就算犯錯了也會被我們接納，然後陪伴孩子面對行爲的結果。唯有如此，孩子才能眞正擺脫「聽話」的枷鎖，才能眞正的「做自己的主人」。

最後我說：「當然，你也可以不聽我的話，因爲選擇權掌握在你的手上，你也要聆聽自己內心的聲音、爲自己做決定。」

本章重點

＊真正的寵愛，是父母用「溫和而堅定的態度」，陪伴孩子面對「自然或合理的結果」。

＊寵愛，指的是在「自由與承擔責任、平等與互相尊重」的親子關係中，「無條件地愛孩子」。

＊打罵無法讓孩子累積行為的經驗，只是讓孩子為了趨吉避凶，而將行為轉為地下化，或是養成找理由、找藉口、怪別人的脫罪習慣而已。

＊身為父母的責任，是讓孩子從小練習聆聽自己內心的聲音、為自己做決定，就算犯錯了也會被我們接納，然後陪伴孩子面對行為的結果。唯有如此，孩子才能真正的「做自己的主人」。

綠豆粉圓爸遇見阿德勒的第2堂課

讓孩子教我們如何教他

照書養、照豬養、不如照孩子養

俗話說：「老大照書養，老二照豬養。」

因爲不想老二粉圓照豬養，所以在我當奶爸的前四年，閱讀的教養書籍與雜誌，少說也有一千本以上。我試著將書中的教養策略套用在綠豆和粉圓身上，但往往還沒有看到作者說的「神奇效果」，我就舉雙手投降了，然後又回到老樣子。

印象最深刻的，是有一本暢銷書教父母面對孩子的不良行爲時，要「數一、二、三」，例如：孩子吃飯吃到一半跑走，我們就要說：「我數到三，要請你回到位子上，一、二、三！」頭幾次使用「數到三」的方式，的確讓我覺得快又有效，因爲孩子會停下正在做的行爲，然後看著我。

但好景不長，沒多久三歲的綠豆就會在我數一和二的時候依然故我、甚至變本加厲他的不良行爲，然後等待我數到三再瞬間暫停。因此我在數一和二的時候，還要搭配凶狠的表情、嚴厲的眼神、巫婆的口氣，才有可能讓綠豆乖乖就範。再過沒多久，我乾脆跳過一和二，直接數「三！」想要讓綠豆措手不及。

而一歲的粉圓當時剛學會說話，我數一、他就跟著數一，我數二、他就跟著數二，然後我數到三、粉圓就嬉皮笑臉地抓著我的手指頭跟著數三。正當我和孩子困在「數到三」的方式時，又看到了另一本暢銷書，說「數到三是沒用的」，我差點沒昏倒。

於是我更廣泛地閱讀各方教養專家和親職作家的書，然後試過書中的各種方法：和孩子說道理、講繪本、演戲、罰站、罰坐冷靜椅、隔離、打手心、打屁股、集點、集星星貼紙、條件交換……我認爲我很愛孩子，我覺得我很努力地教導孩子，但爲什麼孩子讓我看不下去的行爲卻愈來愈多？爲什麼我對孩子發脾氣的次數愈來愈頻繁？爲什麼我覺得孩子離我愈來愈遠？

綠豆粉圓爸遇見阿德勒

直到綠豆四歲、粉圓兩歲時，我接觸以「阿德勒心理學」爲核心的優幼教養模式後，我才終於豁然開朗。原來我花了很多時間閱讀教養書籍、上教養課程，往往只是在學習「如何教孩子」，甚至更多時間是在學習「如何對付孩子」，然而每個作家與講師的家庭和孩子，不見得和你的孩子相同。

事實上，每個孩子、即使是雙胞胎，都是獨一無二的生命體，存在著「個體差異」，因此別人的教養方式只能參考，不一定適用在你的孩子和家庭身上。因此，我們在談「如何教孩子」之前，必須先要「讓孩子教我們如何教他」。

我回頭去看綠豆和粉圓的「個體差異」，才驚覺原來兩個孩子有著那麼明顯的不同，而我卻曾經希望找到「一個方法、一套公式」來教養他們。像綠豆對食量與睡眠的需求都不大，只求不餓和不累就好；而粉圓的食量很大，睡眠需求也很久。當時沒有自覺的我，自然將粉圓吃與睡的標準套用在綠豆身上（父母好像都希望孩子吃飽睡足），難怪每到吃飯和午休，就是我必須對綠豆數一、二、三的時候。懂了他們的不同之處後，我們從時間表進行調整，綠豆少量多餐、粉圓則是多量也多餐；綠豆不想午休，就等粉圓睡著之後，和我一起玩遊戲或做家事。

「照書養、照豬養、不如照孩子養」，看懂孩子的個體差異、了解孩子的發展需求、提供孩子合適的環境與資源，才能讓孩子擁有優質的幼年經驗、讓父母享受共好的親子關係。因此這本書，不是一本教你如何照書養的育兒寶典，而是帶領你「更懂自己、更懂孩子」；這也不是一本教你如何對付孩子的馴化指南，而是引導你「創造雙贏共好的親子關係」。

親密育兒還是百歲醫師？

目前臺灣對於嬰兒期的教養觀念大致可以分成兩大派別：「親密育兒」和「百歲醫師」。兩大派別都有相當多支持者，但當中的論點卻有許多相互矛盾之處，因此每回親職講座後，總會有家長來問我：「究竟我該採用親密育兒？還是百歲醫師呢？」

在回答這個問題之前，我先分享我們家的心路歷程。

在還沒有成爲父母之前，對於教養孩子，我們只能從自己童年片段的記憶和周遭親朋好友的經驗，拼湊出對於未來家庭的想像。老婆還沒有懷孕之前，我直覺地認爲要讓小孩和父母分房睡、小孩哭的時候不要抱他、年齡到了該給保姆帶或上幼兒園……一切按照時間表與計畫來執行，當時的我並不希望因爲家中多了孩子，而改變自己的生活模式和習慣。

直到老婆懷孕之後，我們才開始在閒聊中談著彼此的教養價值觀，卻發現有很大的落差。有一晚我們在看《康熙來了》，來賓送給懷孕的主持人一套《親密育兒百科》，介紹的內容有部分打動了我，因此我們決定買這兩本書來研究看看。

七項親密育兒原則

《親密育兒百科》分為上下兩本，內容包含了七項原則，分別是：（一）出生時的母嬰連結、（二）餵母乳、（三）把嬰兒背在身上、（四）和嬰兒睡近一點、（五）相信嬰兒的哭是他唯一的語言、（六）小心訓練嬰兒的方式、（七）找到親子生活的平衡點。

當時的我還不知道《百歲醫師教我的育兒寶典》這本書，周遭的朋友都還沒有結婚生子，所以也沒有人推薦我們別的書。加上因為陪老婆產檢（這件事很重要），我才慢慢領悟到在老婆肚子裡的新生命，不是「多的」、也不是「外來的」，他就是我們家庭的一分子。於是我慢慢改變了原本的教養價值觀，決定依照《親密育兒百科》的原則做為新手爸媽上路的參考書。

我們選擇了擁有當時還不多的「樂得兒ＬＤＲ產房」的板橋亞東醫院，做為產檢和生產的醫院，儘管每次產檢，我們都要從汐止開車到板橋。「樂得兒產房」來自於ＬＤＲ的縮寫：從Labor待產、Delivery生產、到Recovery恢復，產婦不需要來回病房和產房，同時孩子出生後，也可以很快地回到媽媽身旁，依偎在媽媽懷裡（原則一：出生時的母嬰連結）。

接著我們選擇了二十四小時母嬰同室，不但方便親餵母乳，而且既然之後孩子會和我們生活在一起，何不趁著在醫院恢復時，先和孩子建立默契呢？遇到困難和狀況時，也有護理人員可以提供專業的協助（原則二：餵母乳、原則四：和嬰兒睡近一點）。

綠豆出生後，我們面臨了一整週的混亂期，孩子餓了會哭、冷了會哭、想睡會哭、尿布溼了會哭、吃不到奶會哭、換尿布太慢會哭、洗澡洗太久也會哭……聽著孩子的哭聲，讓原本就緊張的我們更加緊繃了，但我們知道哭是嬰兒的唯一語言（原則五：相信嬰兒的哭是他唯一的語言），因此我們嘗試各種方法和可能性，像我發現，綠豆只要聽到水龍頭水流的聲音，就不哭了，於是後來換尿布和洗澡的時候，我都會推著嬰兒床到廁所，把水龍頭打開，就可以不急不徐地完成各項事情。

因爲工作的關係，當年的我有大量時間陪伴在老婆身旁，分擔照顧綠豆的大小事務（大概除了餵母乳之外，我都可以做），讓媽媽有時間好好休息。但我知道不是每個爸爸都能夠如此，因此要找到適合你們家庭的分工合作方法，或是適時地尋求親朋好友或相關機構的協助也是非常必要的（原則七：找到親子生活的平衡點）。

理解孩子需求，嘗試給予滿足

離開醫院後，我們開始練習用背巾將孩子背在身上，當年推出的幾款背巾，連我的身材都可以使用。後來也練習到做家事時，可以把綠豆背在背上一起完成洗碗、洗衣服、曬衣服（原則三：把嬰兒背在身上）。

嬰兒時期的綠豆，並不是一個好照顧的孩子，和剛出生一樣，很容易就驚醒、很容易哭，我想既然哭是他的語言，那麼或許當中有不同的涵意，所以我還給了自己一項挑戰：試著分辨綠豆哭聲想要表達的意思。是尿布溼了？想睡？肚子餓？還是想要人抱？經過一陣子的摸索，漸漸地，似乎我和他有了默契，雖然不是每次都猜對，但或許是因爲他的需求或困擾會得到回應，綠豆哭的頻率變少、時間也變短了。我還製作了一張紀錄表，將綠豆每天起床、肚子餓、換尿布、睡覺的時間記錄下來，找到當中的規律性，然後可以在他還沒有哭之前，就提早一步滿足他的需求。

後來才知道，我當時做的事情，就是我現在不斷推廣的教養第一步：「讓孩子教我們如何教他。」我們不是直接改變孩子，而是觀察、記錄，然後營造情境。例如：白天，我們就一定把窗簾打開，讓光線自然透入，然後大量地和綠豆互動；到了晚上，我們就把燈關掉，也不會在房間裡看電視，營造夜晚該入睡的氣氛。

但是綠豆仍然有夜奶的需求，而且往往夜奶後難以入眠，很容易嚎啕大哭，我們嘗試很多方法都無法改善，直到有次回兒科門診前剛好喝奶，醫生聽診後說綠豆有胃酸逆流的狀況，這或許就是夜奶後會哭的原因，爲此，我們還將嬰兒床的床板傾斜一些，或是夜奶後不急著讓他躺回床上，而是拍嗝後先趴在我們身上入睡。

在《親密育兒百科》裡，綠豆很符合書中所稱的「高需求寶寶」，而我們的即時回應，滿足孩子的需求，也讓我們的親子關係漸入佳境。很多人誤以為《親密育兒百科》談的是嬰兒哭了就要抱，但實際上並不是如此，嬰兒的哭聲是唯一的語言，但它代表著不同的需求，父母要做的是理解孩子的需求，然後嘗試著給予滿足，在過程中嬰兒會感到安心與信任，因為自己的需求是有回應的、困擾是得到解決的。

綠豆一歲時，從朋友那裡知道《百歲醫師教我的育兒寶典》，看了書摘之後大吃一驚，心想這樣的模式運用在綠豆身上，以他的堅持度，應該可以哭一整天都不會停下來吧。

當粉圓出生後，我們就能理解高需求寶寶和低需求寶寶的極大落差了，粉圓就是吃飽然後玩、玩夠然後睡、睡醒再吃飽的規律孩子，半夜很少哭醒之外，連白天想睡的時候，任何事情都擋不住他。我猜想，如果我運用《百歲醫師教我的育兒寶典》在粉圓身上，一定也會覺得很有用吧。但實際上並不是我「訓練」粉圓達到這個成果，而是粉圓這個孩子本身的作息就很規律。

這也讓我更堅信「讓孩子教我們如何教他」才是關鍵，任何的教養派別與理論，都可以列為參考，但身為父母的我們，一定要先理解自己的孩子，而不是拿著別人家的教養方式，就套用在自己孩子身上。

至於「究竟我該採用親密育兒？還是百歲醫師呢？」這個問題，因爲綠豆和粉圓都是採用《親密育兒百科》的方式，而且藉由親密育兒的過程中，父母有機會觀察孩子的需求並給予回應，這對於之後的教養有著很重要的關鍵影響，因此從我的角度，當然還是推薦「親密育兒」的方式，但更重要的還是「讓孩子教我們如何教他」。

大禹治水還是鯀治水？

小時候聽過大禹治水的故事。當年洪水氾濫讓百姓痛苦不堪，於是堯帝命令大禹的爸爸鯀治理水患，鯀使用「障水法」，也就是在河邊設置堤防，但水患不但沒有減少，反而當洪水越過堤防後，造成更大的災害。後來大禹接替爸爸的治水工作，先從巡視河道開始，改變鯀的障水法，利用水往低處流的自然現象，採取「疏導法」把積水導入河川再引入海洋。

傳統的教養方法，很像鯀所採行的「障水法」，遇到孩子如洪水洶湧而來的需求或行爲，用防堵和禁止的方式，試圖阻擋或眼不見爲淨。但孩子的需求或行爲非但沒有消失，反而變本加厲，或是變得表裡不一，傷害了親子關係與彼此的信任。

例如：吃零食。很多父母對於零食的添加物、高油、高鹽、高糖等很不放心，因此禁止孩子吃零食。然而孩子並不一定能夠理解父母的用心良苦，看到別人手上的零食，反而搖尾乞求對方分他吃一點；還有的孩子，爲了一包零食不惜說謊甚至偷竊，原本父母教養的美意蕩然盡失。

三管齊下的疏導法

我們將大禹治水的「疏導法」運用在「吃零食」這個議題上，先理解市面上的零食，就是用各種方式滿足人類對於色香味的需求，因此零食比正餐「好吃」是必然的。接著我們同時三管齊下進行疏導：

一、**預算**：我們每週會和孩子到賣場採買生活必需品，同時提撥每人一百元的預算，讓孩子自己選購想吃的零食；另外，孩子每週也有零用錢（三歲每週三十元、五歲每週五十元），孩子可以決定要不要用零用錢額外購買零食。在預算有限的情況下，孩子一方面可以滿足吃零食的需求，另一方面也不會無限擴張欲望。

二、**教育**：這幾年臺灣發生許多食安事件，我們會和孩子一起了解新聞事件；一起認識什麼是乳化劑、奶精、香精、色素等添加物，以及這些添加物對身體會造成什麼影響；一起參訪臺灣博物館南門園區，學習分辨食物和食品的不同。有了這些背景知識後，孩子在挑選零食時，就會查看包裝上的成分說明，自己篩選掉過多添加物的零食。

三、**自製**：有陣子孩子很愛吃軟糖，然而他們卻發現賣場的軟糖，大多數都有很多添加

物，因此我們上網搜尋食譜，和孩子一起從水果榨汁開始自製軟糖。我們也會自製果凍、優格、餅乾、蛋糕、麵包……雖然口感或味道不像外面賣的那麼誘人，但因爲孩子完整參與製作過程，反而更愛吃自己的作品。

其他像是看電視、打電動等父母常見的煩惱議題，我們也都採用「疏導法」，從了解孩子的需求開始，陪伴孩子疏通、導引他的需求，在彼此都能接納的範圍內，孩子享有最大的自由，同時也培養自主與自律的能力。

大禹治水的「疏導法」並不是放任洪水漫延肆虐，而是運用水流的自然趨勢，順勢疏通導引；運用在教養上，也不是放任孩子無止境地擴張需求和行爲，而是經由「讓孩子教我們如何教他」，和孩子共同討論並執行策略與方法，在過程中，讓孩子練習做他自己的主人，讓父母逐步放心和放手。

不催熟的自然獨立

從二〇一〇年我們開始實踐優幼教養之後，對於孩子的發展階段有了清楚的認識，也學習看懂孩子，讓孩子教我們如何教他。因此面對坊間紛擾的教養建議，我們可以用一種淡然處之的方式，和孩子一起溫和而堅定地執行我們的理念。

「幾歲應該自己睡覺？」這個議題在我帶領的親職課程中經常被提及。

在我還沒有當爸爸時，我的觀念認爲孩子從出生就應該要自己睡覺，甚至最好是和父母分房睡。但因爲在綠豆出生前一個月，我翻閱了《親密育兒百科》並被它的理念與做法深深吸引，所以綠豆出生後，和我們睡在同一間房間的嬰兒床上。然後等他長大了一些，確定不會被我一翻身就壓扁之後，綠豆就和我們睡在同一張床上。兩年後粉圓出生，經歷也是一樣，唯一改變的，是我另外添購了一張單人床，然後兩個孩子和媽媽睡在雙人床上。

或許可以說是運氣好，綠豆是屬於對親子依附需求很高的孩子，如果當時我沒有看到《親密育兒百科》這本書；如果二〇一〇年沒有開始實踐優幼教養，我猜想我和綠豆的父子關係，現在應該是極度冰點、或是極度爆點的兩種極端吧。

所以，面對「幾歲應該自己睡覺？」的議題，我無法給出一個標準答案，而是邀請父母回頭觀察孩子，從孩子的日常生活找答案。但我總是和父母說：「不要因爲外在的輿論壓力，就在孩子還沒準備好時，強迫孩子獨立，尤其是自己睡覺這件事，因爲對孩子來說，被遺棄的無助感，可能才是他心理的眞實狀態。」

我笑著說：「綠豆八歲、粉圓六歲，都還是跟我們一起睡覺呀。」很多父母睜大了眼睛，原來外表看起來很獨立的綠豆粉圓，晚上還是跟爸媽一起睡覺呀。我們始終相信，當孩子準備好了，父母一定會知道。

充分且健康的親子依附關係

在綠豆八歲生日過了半年，他跟我們要求自己要有一個睡覺的空間，但還是和我們在同一個房間。因此我們在床旁邊的地板鋪了床墊，綠豆則自己布置他的小窩。然後再過兩個月，綠豆說他可以自己在南部阿姨家，一住就是五天。我們知道，他的獨立能力愈來愈成熟了。

有一天，我們在回家的車上，綠豆忽然跟我們說，他準備好要自己一間房間了。於是我們相約星期日一起來整理，把原本我使用的書房，空出來做爲綠豆的房間。全家總動員幫忙收拾與整理後，綠豆開始裝飾自己的房間，還把門關起來，說是要給我們驚喜。

晚餐後，綠豆邀請我們進到他的房間，的確令人驚豔，彩帶、3D模型、布偶……各有各的定位。綠豆說，以後他每週都會變換不同的主題，再邀請我們去參觀。而粉圓則接收了綠豆原本的小窩，也讓他的寵物們（玩偶）擁有一張小床。再過了半年，粉圓也主動要求自己的房間，於是我們將遊戲間整理成粉圓的房間。

一路以來，對於孩子跟我們一起睡覺，周圍也有各種聲音，也有很多父母仍然持有懷疑，擔心會不會反而讓孩子不獨立了。我們很清楚地知道，孩子要眞正地獨立，充分且健康的親子依附關係是不可或缺的。同時父母絕對不要幫孩子做他可以做的事情，給予孩子選擇的機會、負責的空間，也都是培養孩子獨立很重要的練習。

當萬事俱備，孩子的獨立只是早晚的事情，而且因爲不是人爲的催熟，孩子的心理狀態也會比較踏實。

本章重點

* 看懂孩子的個體差異、了解孩子的發展需求、提供孩子合適的環境與資源，才能讓孩子擁有優質的幼年經驗、讓父母享受共好的親子關係。
* 我堅信「讓孩子教我們如何教他」才是關鍵，任何的教養派別與理論，都可以列為參考，但身為父母的我們，一定要先理解自己的孩子，而不是拿別人家的教養方式，套用在自己孩子身上。
* 不是放任孩子無止境地擴張需求和行為，而是經由和孩子共同討論並執行策略與方法，在過程中，讓孩子練習做自己的主人。
* 孩子要真正地獨立，充分且健康的親子依附關係是不可或缺的。同時父母絕對不要幫孩子做他可以做的事情，給予孩子選擇的機會、負責的空間，也都是培養孩子獨立很重要的練習。

綠豆粉圓爸遇見阿德勒的第3堂課

了解孩子的行爲

別問孩子「爲什麼」，而是觀察「爲了什麼」

過去我們對行爲的認知，是較貼近佛洛伊德的「原因論」，他認爲人類會有某些行爲，一定是有其原因可以追溯。例如：我們會打罵小孩，是因爲我們小時候也是被打罵長大的（原因）。但後來我個人較偏向認同阿德勒的「目的論」，他認爲人類的行爲，是有其「目的」的，而原因並不是關鍵。例如：我們會打罵小孩，和我們小時候經驗沒有太大的關係，而是我們「決定」要用「打罵小孩」來達成某些目的，像是證明「我才是老大」之類的。

因此從阿德勒的心理學做爲出發，既然行爲有其目的，那麼要改變行爲，就要先了解是正向的目的？還是錯誤目的？

正向目的是「我好，你也好」的行爲，而錯誤目的（或稱錯誤目標）則是「我好，你不好」、或是「我不好、你也不好」。面對孩子「錯誤目標」的「行爲」，要改變的，並不是行爲，而是「錯誤目標」。

阿德勒提出兩種方向同時運作：

第一個方向是採行「鼓勵」。會有不良行爲的孩子，是氣餒的、是挫敗的，如果父母再針對孩子的行爲加以指責，只會讓孩子「更壞」，這也是我說的：「愈打會愈欠打、愈罵會愈討罵」的原因。父母要看到孩子的亮點、看到孩子的正向目標，然後回饋給孩子，即使它很小、很少，仍可以激發孩子向上、向善的內在趨力，會讓孩子「自己想更好」。

第二個角度是辨別錯誤目標後，不要「中招」了，例如：孩子的哭是用來吸引父母的過度關注時，父母反而不能因爲孩子哭就抱，而是要在孩子沒哭的時候擁抱他，孩子哭的時候靜靜地陪在身旁即可。

陪伴孩子去面對行為的結果

也因爲行爲有「目的性」，因此如果某個行爲達不到目的，人類就會改採另一個行爲；也就是說，如果某個行爲可以達到目的，人類就會延用下去。

我認爲「行爲→結果→經驗→選擇→行爲→」是一個循環，例如：孩子躺在地上哭（行爲），就可以得到玩具（結果），有了這樣的經驗，那麼下次孩子一定會直接從躺在地上哭開始（選擇）。

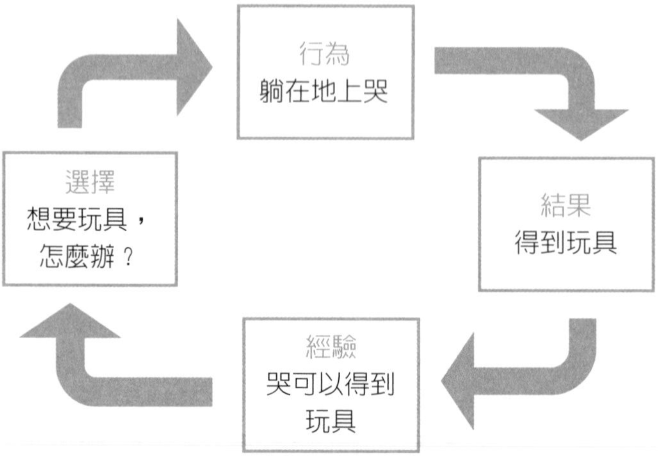

表1　「目地」與「行為」的關連

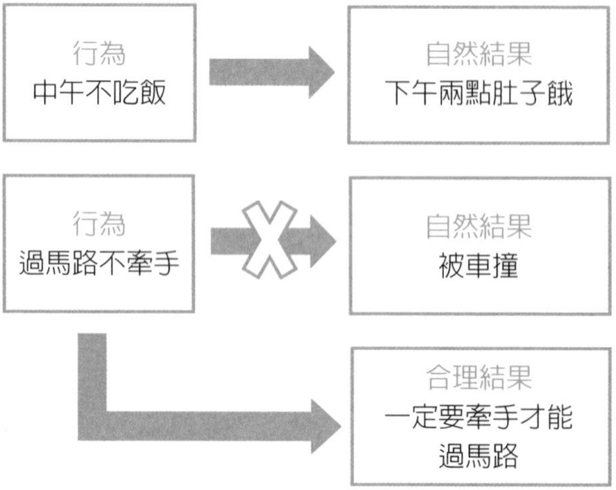

表2　自然結果與合理結果

因此我們要降低行爲當作工具或手段的機會，就是要「陪伴孩子去面對行爲的結果」。每種行爲都會產生相對應的結果，不需人爲安排，這叫做「自然結果」，例如：孩子選擇午餐吃很少，然後下午兩點就肚子餓，這是自然結果。父母要盡可能地讓孩子去面對孩子的選擇、決定的行爲，而衍生的自然結果，不要干預或破壞（例如：餵孩子吃飯、或讓孩子吃點心）。唯有讓孩子面對行爲的自然結果，才有可能讓孩子練習爲自己負起責任。

而「合理結果」則是在我們無法面對自然結果時，就必須用合理的邏輯性來設計的行爲結果。例如：三歲的孩子過馬路不牽手、也不看紅綠燈、想衝就衝，自然結果是會被車撞，父母無法面對，因此我們必須設計「合理的邏輯性」，像是過馬路必須手牽手、沒有牽手就不能過馬路。合理結果必須是有直接關連性的，像是沒有牽手就不能看電視，這兩者沒有關連，所以是處罰而不是合理結果。

在教養改變的初期，我們不建議父母使用合理結果，因爲自己和孩子，都很容易誤判爲處罰。而是先從大量的「自然結果」著手，讓孩子大量有爲自己的食衣住行做出決定，然後再爲自己的決定負責的機會。

「父母用溫和而堅定的態度，陪伴孩子面對自然或合理的結果」，父母必須要陪伴孩子一起去面對，而不是要求孩子獨自去面對，或是有「冷嘲熱諷、我就是要你好看」的心態，否則就算結果再合理，在孩子的心中仍然會判定爲處罰。

孩子不是故意的，只是陷在錯誤目標裡

「我跟你說，昨天我家那小人又惹我生氣了！」

前來面談的媽媽看起來怒氣未消，雖然我很不贊成用「小人、屁孩」來描述自己的「小孩」，因爲隱藏在語詞當中的潛在訊號，是我們不願平等、尊重地看待自己的孩子，不過依「先處理心情、再處理事情」的原則，我先積極傾聽對方媽媽的說法，之後有機會再和她分享我的想法吧。

「上個星期，我家小人把一包衛生紙一張一張地抽出來，然後一張一張撕碎，我就已經快爆炸了，但想到你說不要爲了小事對孩子抓狂，所以我忍了下來，好好地跟他說：『衛生紙不是玩具，不可以拿來玩。』他也點頭同意了。」我肯定媽媽願意在事件發生的當下，沒有用暴怒的方式試圖要孩子屈服。

「然後你知道嗎？昨天我在煮飯，想說小人怎麼都沒有聲音，出來一看，天啊！他把衛生紙塞滿馬桶，然後馬桶的水都滿出來了，你說要我怎麼不生氣！怎麼不打他？」我理解媽媽當時的心情，因爲在還沒有優幼之前，我們家的綠豆粉圓也曾經有過類似的實驗。

在聽了二十多分鐘數落小人的麻煩後，媽媽的心情看起來平復許多，其實很多時候，全職媽媽需要的，是一個願意被倒苦水、聆聽心情的人而已。發洩完情緒之後，媽媽其實也希望繼續往不打不罵、無賞無罰的優幼教養努力，於是問我該怎麼面對孩子的行爲。

我說：「其實孩子不是故意的。」當然我知道這句話一出口，我就必須再聆聽二十多分鐘「孩子有多故意」的苦水，但事實上，孩子眞的不是故意的，他們只是在滿足需求、以及追尋歸屬感而已。

我跟媽媽說：「妳有沒有發現，妳所描述孩子有多故意的行爲，往往出現在妳煮飯、洗衣服、做家事、休息的時候？」

「眞的耶！」媽媽也同意。我問：「妳在做些事情的時候，孩子有沒有來找妳，要妳陪他玩？」以三歲的年齡，家裡又沒有其他人，孩子的確很需要有人陪玩。媽媽說：「有呀，但是我在忙，怎麼可能去陪他？」我當過四年的家庭煮夫，很能體會家事繁忙的困境。

「那妳有沒有發現，當孩子做了妳認爲故意的行爲後，即使妳在忙，也會立即放下手上的事情，衝到孩子身旁？」我問媽媽。媽媽說：「當然要衝過去呀，難道要等水淹到客廳嗎？」

「的確如此，所以孩子也發現了，原來我做某些行爲，就像按門鈴一樣，可以把媽媽

CALL來呢！」我請媽媽換位思考，「如果妳是孩子，妳發現這些行爲媽媽會來，當妳需要媽媽時，妳會做這些行爲？還是不做？」

「當然會做啦！」媽媽恍然大悟。

孩子的行爲，並不是要故意惹大人生氣，以衛生紙塞入馬桶這件事情來看，一方面孩子是在探索和實驗，而另一方面，則是這樣的行爲，可以成功吸引媽媽的關注。人類在幼兒階段，和其他生物不太相同，並無法獨立生活，需要成年人的關注與照顧，因此若孩子感受到關注減少時，本能地會採取行動來爭取關注，讓自己重新擁有被注意的安全感，也是最基本的歸屬感。

不過如果孩子長期處於沒有安全感或歸屬感的狀態下，爲了生存，孩子的行爲就會衍生出「錯誤目標」，這裡所談的「錯誤」，並不是指這樣的目標是不好的、壞的，而是對孩子的性格沒有正向的幫助和成長，同時會造成他人負擔和困擾，因此我們需要協助孩子重新定位自己行爲的目標，回到眞實的需求，才能讓孩子擁有穩定的性格。

以正向目標取代錯誤目標

《面對孩子的挑戰》一書作者、也是阿德勒的弟子德瑞克斯（Rudolf Dreikurs），則是歸納出孩子行爲的四個「錯誤目標」，我們將其整理爲：過度關注、權力鬥爭、破壞報復、無能放棄。

一、**過度關注**：每個孩子都需要被關注，但同時孩子也在練習著自主與獨立，追求過度關注的孩子，往往會認爲身邊所有的人，都必須即時滿足自己的需要（不見得是眞實需求），如果需要未被滿足，容易藉由「一哭、二鬧、三耍賴」的方式獲得關注。

二、**權力鬥爭**：孩子在練習自主與獨立的過程中，需要有做決定的權力，如果生活的大小事都是由父母一手掌控，孩子就容易和父母進行權力鬥爭，在吃喝拉撒睡等議題上，採取不合作的姿態，證明自己擁有權力。

三、**破壞報復**：若孩子長期無法擁有在生活上作主的權力，就容易追求破壞報復的目標，踩著父母的痛點，重覆著讓父母惱怒的行爲，甚至用自己的身體和健康做爲籌碼來要脅父母，最終兩敗俱傷。

四、**無能放棄**：如果孩子試過了所有的方法，仍無法得到該有的能力、價値、權力和愛，或是父母過度照顧、過度放縱，那麼孩子就容易呈現無能放棄的樣貌，對於所有的人事物都不感興趣，往否定自己的方向發展。

要如何判斷孩子陷在哪一個錯誤目標裡？則可以從父母的感受，以及孩子對於父母反應的回應來理解。

- 過度關注：父母覺得孩子很煩人，而孩子的惱人行爲會在父母回應後停止。
- 權力鬥爭：父母覺得孩子惹自己生氣，而孩子的惱人行爲在父母回應後停止一段時間又故態復萌。
- 破壞報復：父母覺得孩子讓自己難過傷心，而孩子的惱人行爲在父母回應後變本加厲。
- 無能放棄：父母覺得對孩子絕望了，而孩子的惱人行爲重覆出現，同時也挫敗著孩子自己。

孩子陷在行爲的錯誤目標不是一天造成的，因此無法一天解決，我們建議爸媽，不要急著和孩子切割、較勁、反擊，而是創造「行爲的正向目標」，也就是滿足孩子的眞實需求，而孩子自然而然地，就會逐漸從錯誤目標的泥淖中脫身。

滿足孩子的眞實需求，孩子就不用變壞

以前總認爲，最懂孩子的人應該就是孩子的爸媽。然而這六年的親子團體歷程，讓我驚覺，原來有很多的爸媽，並不懂自己的孩子。

當孩子感覺自己不被懂、不被理解，這樣的親子關係，就會逼得孩子用很多的行爲求救或抗議。然而也因爲父母不懂孩子，自然也就難以理解孩子的行爲，誤以爲孩子在找麻煩、不聽話、不乖，然後用父母與生俱來的地位與資源，壓抑掉孩子的求救訊號和抗議行爲。打、罵、威脅、恐嚇、獎賞、處罰，是我們歸納出最常見的壓抑方式。

其實孩子很懂爸媽，他們很清楚做什麼事情會讓爸媽生氣、憤怒、爆炸。但孩子不是故意要讓爸媽生氣、憤怒、爆炸的，他們的小小願望，只是爸媽可以懂他們的「眞實需求」，如此而已。

相對於孩子行爲的四項錯誤目標，我們也整理出了孩子內心的四項眞實需求，並且邀請家長，藉由每天記錄，將這四項眞實需求落實在生活當中。

一、有能力：成長的能力

孩子與生俱來就有強烈的成長趨力，回想當孩子開始練習爬行、練習走路時，如果大人想要制止孩子，就算放了再多的障礙物在孩子面前，孩子依舊會排除萬難繼續向前。當孩子再長大一些後，他們對於興趣的追求、遊戲與玩具的投入、好奇心的展現，都是他們成長的能力。此時父母要做的，是提供孩子想要的環境和資源，讓孩子得以發揮與提升自己的能力。

因爲孩子時間有限，當他們想要接觸各種不同的面向、嘗試各種不同的可能，就很容易讓大人誤以爲孩子「三分鐘熱度」，擔心孩子不專注、容易半途而廢。但事實上，父母要在意的，不是三分鐘（或幾分鐘），而是孩子在當下有沒有「熱度」，如果孩子是投入其中的，那麼無論時間長短，都是值得鼓勵的。

而父母也必須理解兒童發展，對孩子當時的能力要有基礎的認識和判斷，最怕父母高估或低估孩子的能力。高估孩子的能力，會讓孩子怎麼做都做不到、做不好，如果父母沒有即時覺察，然後調整給予孩子的期望，就會讓孩子累積大量的挫敗感，最後走向無能放棄。低估孩子的能力，則會讓孩子無法盡情施展能力，甚至必須生活在父母的陰影或照顧之下，久而久之，一樣會養成無能放棄的性格。

「讓孩子教你如何教他」，觀察孩子的現況，適時、適度、適量地提供孩子一些生活挑戰，讓孩子在每次的挑戰中累積成就感，就能大幅提升成長的能力。

二、有價值：貢獻的價值

人是社會的動物，每個人都想對自己、對別人、對團體產生貢獻，然後從貢獻中得到自己的價值感和歸屬感。我們不難發現，很多兩、三歲的孩子，很希望能夠幫大人的忙，幫忙提東西、幫忙掃地、幫忙洗菜、幫忙曬衣服⋯⋯

懂得孩子眞實需求的家庭，就會在此時提供適合孩子能力的事情讓孩子幫忙，像是準備一個小提籃或小推車，把孩子的零食或重量較輕的物品請孩子幫忙拿；準備小掃把讓孩子清理較大的紙屑垃圾；讓孩子邊玩水邊洗菜葉；讓孩子將衣服裝進衣架或從衣架拿下來⋯⋯願意這麼做的家庭，也會讓孩子在長大之後，仍然願意藉由家事爲家庭產生貢獻，因爲做家事不是外在的要求，而是內發的價值展現。

我們也發現有很多家庭，因爲覺得孩子會愈幫愈忙，或是讓大人更麻煩，而在當下拒絕了孩子的請求。孩子無法提供家庭貢獻，也就很難找到自己的價值感和歸屬感。長期下來，

孩子對家事更加無感，之後父母想要孩子幫忙，就變得更加困難了。

因此大量地讓孩子參與各項家事，經常鼓勵與回饋孩子讓家庭更好的行爲，就能提升孩子對家庭貢獻的價值，朝向正面的循環發展。

三、有權力：作主的權力

父母都想要培訓孩子的責任感，但不少父母誤以爲負責任，是要孩子做到父母要求的事項。我們則認爲所謂負責任，是孩子要爲自己的行爲、自己的決定，承擔起後續而來的結果。因此我們談到的「有權力」，並不是要孩子去決定父母的行爲、家庭的作息，而是先從自己的生活、食衣住行，做出合情合理、符合發展的決定，並且爲自己的決定負起責任。

例如：孩子決定不吃飯，父母就要思考會不會對自己產生影響，如果不會，就可以尊重孩子不吃飯的決定，但當孩子餓的時候，就要由孩子自己想出解決方法，或是承擔自己肚子餓的自然結果。

或是孩子決定不睡覺，如果父母以過去的事實判斷，孩子會因爲晚起而影響到父母的上班時間，此時就需要與孩子利用家庭會議進行討論，以事實提出孩子的決定會造成的影響，然後尋求彼此都能接受的解決方法。如果找不出解決方法，就必須先擱置這件事，暫時不能做爲孩子作主的事項。但同時也要提供其他的面向讓孩子展現作主的權力。

我們覺得讓孩子安排一段家庭旅遊行程，要去哪裡、要玩什麼、要吃什麼……都交由孩子決定，這樣的方式除了提升權力之外，也能夠同時讓孩子展現能力和貢獻的價值，一舉三得。大量地讓孩子面對行爲和決定的「自然結果」，而不是大人去介入或干涉，孩子才能學習作主、學習負責、學習成爲自己的主人。

四、有人愛：無條件的愛

多數的父母都認爲自己很愛孩子，但卻也有很多孩子覺得父母沒有那麼愛他。原因往往來自於父母對孩子有著外在的標準和期望，如果孩子可以達到，父母當然不吝於表現自己對孩子的愛。但當孩子沒有符合父母的標準和期望時，父母輕則變臉、對孩子不理不睬，重則責罰孩子、對孩子冷嘲熱諷。

像是孩子學鋼琴，一開始其實也是呼應父母的期望和想像，過了一兩年孩子不想學了，父母又認爲孩子半途而廢、不負責任（負責任的對象是誰呢？）。孩子感受到的，就是父母對他的愛是「有條件的」，剛開始孩子可能會爲了得到父母的愛，而逼迫自己去滿足這個條件。但偏偏父母的條件會提高，一開始可能要孩子願意練琴，再來要孩子會彈巴哈的曲子，接著再要求孩子參加比賽，最後還要孩子拿個獎盃回來。就算孩子運氣和能力都不錯，一路符合父母的期望，但所花費的時間，都不是爲了自己的興趣和夢想，而只是滿足了父母的要求而已。更多的孩子是到了半途，發現自己怎麼做都達不到父母的條件，因此放棄再努力，父母卻又沒有覺察到孩子的挫敗，在此時落井下石，讓親子關係產生許多裂痕。

沒有人完美，也不需要追求完美，孩子的行爲都是需要練習和調整的，因此父母不應該將孩子的外在行爲，做爲自己給予愛、或收回愛的標準。愛，必須是無條件的，無論孩子的外貌、行爲、言語、決定如何，都不應該影響父母對孩子的愛。唯有體會這一點，讓孩子知道父母是無條件愛著他們的，父母才擁有了教養孩子的影響力，孩子也才願意聆聽與接納父母的建議。

有了無條件的愛，孩子就不需要變壞、更無需叛逆了。

課題分離，練習作主，然後負責

週五下著傾盆大雨，而我們的活動並不會被天氣影響，孩子在教室穿起雨衣，步行到板橋車站收拾雨衣，搭火車到鶯歌車站，再穿起雨衣，再步行到陶瓷博物館，再收拾雨衣……然後回程依舊如此。

孩子跟我們說：「除了參加我們的活動之外，他們都沒有穿雨衣的機會。」有的是下雨就取消戶外行程；或是家長直接開車接送，還撐著雨傘送孩子到室內；也有學校安親班都是專車接送到活動地點的……

也因爲很少穿雨衣，所以有的孩子雨衣明顯小了一號，加上外套和書包，都快把雨衣撐破了；也有的家長臨時購買了輕便雨衣，但因爲需要多次穿脫，所以到下午雨衣就破了個大洞。

孩子也從第一次穿雨衣的手忙腳亂、第一次收拾雨衣的人仰馬翻，在一天當中，掌握到如何在雨天把自己照顧好的技巧。即使背包裡有午餐餐盒、有陶土作品、有厚外套、有水壺，但孩子從一次一次的經驗中，了解怎麼收拾和放置自己的物品，眞的需要幫忙的地方，像是雨衣被書包勾住、或是雨衣袋子太小，也都會請同學或老師協助，但主要的責任，還是孩子自己承擔。

回到教室，我回饋給孩子：「下雨天的行動學習，很麻煩也很不舒服，但我很感動每個孩子都勇於挑戰，把自己照顧好，讓自己的心情保持愉悅，讓學習動機維持高昂。」

孩子們笑了，一種「我可以做得到」的笑容，展現出一種「我很有能力」的自信。

然而當家長來接孩子時，劇情卻急轉直下。

我看到很多家長左手掛著孩子的雨衣、右手掛著孩子的書包，然後微笑著，儼然成爲孩子的衣架和置物籃。我知道家長不是故意的，孩子也不是故意的，這是親子互動的習慣和默契了。如果家長忽然改變，不幫孩子拿雨衣和書包，孩子還有可能會大發雷霆呢。如果我要家長別這麼做，家長也可能露出疑惑的神情，想說孩子有需要幫忙，難道家長不幫忙嗎？或是這樣的行爲，不就是我說的「無條件的愛」嗎？

如果你和我一樣，希望藉由教養和教育，讓孩子成爲自己的主人，能夠爲自己負責，能夠照顧好自己，那我們就要跟著孩子一起長大，和孩子一起分辨哪些事情是他可以做得到的，然後將這件事放心、放手地讓孩子去做，孩子在過程中練習作主，然後負責，而不是父母將所有事情攬在自己身上。

三個階段、六個面向落實自主負責

以最簡單的「食、衣、住、行、育、樂」六個面向，我們可以概略劃分議題的責任歸屬。

✎學前階段：孩子為「食、衣」自主負責，孩子想吃多少自己決定、孩子想穿幾件衣服自己決定，然後為自己的決定承擔自然結果。

✎小學階段：孩子為「食、衣、住、行」自主負責，孩子擁有時間的主控權，能夠自己獨處一定的時間，也能自行搭乘固定路線的捷運和公車、或是擁有自行上下學的能力。

✎中學以後：孩子為「食、衣、住、行、育、樂」自主負責，孩子可以將大量時間，投入在他有興趣鑽研的方向，孩子也了解自己的興趣，然後衍生成為休閒與玩樂。

父母要做的，就是授權給孩子，並且陪伴孩子練習。以這樣的成長過程，孩子將一步一步地成長茁壯，一步一步地成為自己的主人。幫孩子做他可以做的事情，孩子不但感受不到父母的愛，反而會覺得自己無能；孩子不但沒辦法成為自己的主人，反而會習慣責怪別人。

雨衣很溼，就陪伴孩子想出解決方法，像是準備塑膠袋、或是放在書包旁的網紋袋裡，而不是幫孩子拿。書包很重，就陪伴孩子整理分類，將不需要的物品拿出來，而不是幫孩子拿。

陪伴孩子，並不是要幫孩子想方法、幫孩子整理，而是讓孩子知道父母是支持他的。當然，如果父母的陪伴，反而會讓孩子耍賴和無能，那就讓孩子自行面對自然結果吧。唯有孩子從自然結果當中感受困擾，而不是從父母口中聽到，孩子才有改變和調整的動機。親子之間「小小的動作」，往往反映的就是親子關係的現況，是否有「自由且承擔責任、平等且互相尊重」呢？同時也可以反映孩子的行爲目標，是愈來愈正向，「有能力、有價值、有權力、有人愛」呢？還是愈來愈錯誤，「吸引關注、權力鬥爭、破壞報復、無能放棄」呢？

和孩子召開家庭會議，讓孩子知道，從今天開始，父母不再是孩子的衣架和置物籃，而同時，父母對孩子的愛並沒有減少。

孩子做錯事，父母基本的三個步驟

最近回答了幾位家長的問題，大致內容都是雷同的：「我很想採用優幼的方式和孩子互動，但孩子做錯事了，難道我就不教嗎？」

先回答最後一句，優幼教養「絕對不會」要父母「不教」，愈小的孩子，愈需要父母的身教與引導，因此我們始終著力的，不是教不教，而是「怎麼教」。

再來就要提到重點了：孩子做「錯」事？

說實話，學齡前的孩子，不抽菸、不喝酒、不飆車、不吸毒、不鬥毆、不逃家……究竟是能「錯」到哪裡去？平心而論，很多父母還是打從心底認爲，孩子不聽父母的話、孩子不服從父母的指令，就是做「錯」事。但很妙的事情來了，父母愈是在意的「錯」事，孩子愈會去做。於是有的父母用「壓」的方式（打罵、威脅、恐嚇、處罰），但孩子就會趁父母不在的時候做「錯」事。

優幼在談孩子的行爲，和談情緒有著相同的觀點：「行爲沒有對錯，它反映的是孩子內心的需求或匱乏。」

讀過《面對孩子的挑戰》一書的家長都知道，當孩子無法從父母身上得到正向的關注時，便會轉向採取「錯誤目標」的方式：吸引注意、爭奪權力、報復、自暴自棄。當父母為了孩子的行為而火冒三丈時，往往就是給予孩子負面卻是大量的注意（引起注意）；當父母因為火冒三丈而打罵、威脅、恐嚇、處罰時，就是告訴孩子：「我比你大，我握有權力。」也等於是「邀請」孩子跟你進行權力的爭奪戰（爭奪權力）；當父母掌有孩子的「生殺大權」，而孩子拚不過父母的權力（或拳頭、或音量）時，就會選擇讓父母痛心的方式：一錯再錯。反正父母覺得是錯事，那就錯到底（報復）；當父母徹底地擊潰了孩子的自我、自尊與自信後，孩子就會認定自己是錯的、是壞的、是沒用的（自暴自棄）。

父母究竟是在教養孩子？還是在跟敵人打仗呀？

當孩子陷在錯誤目標當中，通常父母的日子也不會好過到哪裡去，形成兩敗俱傷，而且是負向循環的局面。

靜默、傾聽、一起解決

優幼的父母自我療癒和孩子性格調育，並不是一朝一夕可以完成的（像我自己就經歷了三年），尤其在初期，要面對孩子，還要面對過去和現在的自己，複雜度與難度是最高的，爲此，我們先提供「入門」的三個步驟，讓爸媽先試看看：

【第一步】

當父母再次看到原本認定的「錯」事時，深呼吸一口氣（此時不能動氣或發怒喔），然後說：「我知道你不是故意的，你這麼做一定有原因。」

說完後，就不要再說第二句話，靜待孩子的反應。通常孩子會愣住，想說爸媽今天是怎麼了？也有的孩子會反擊、會刻意地想要激起父母原本的「劇本」，但都不要說話喔。

【第二步】

直到你感覺自己的情緒、以及孩子的情緒都平穩了之後（有可能需要五～三十分鐘不等），才能開口說第二句話：「有什麼我可以幫你的？」

孩子通常會開始說，父母只要「傾聽、點頭、微笑」，忍住，「不要否定」孩子所提出的任何意見。

【第三步】

狀況一：如果孩子所說的，是親子可以做得到的，就可以回答：「好，那我們一起去做。」

狀況二：如果孩子所說的，是有現實上的困難、是做不到的，就明確告知孩子「眞實的考量」。如果孩子情緒再起（或讓大人情緒再起），就要回到第一句話，然後靜待孩子或自己的情緒平穩；如果孩子願意接受現實的無奈，就可以回答：「我們再一起想辦法。」

複習一次：

一、孩子的行爲沒有對錯，它反映的是內心的需求或匱乏。

二、「我知道你不是故意的，你這麼做一定有原因」，靜默。

三、親子情緒都平穩時，「有什麼我可以幫你的？」，傾聽。

做得到，「好，那我們一起去做。」

做不到，告知眞實的考量，「我們再一起想辦法。」

本章重點

*面對孩子「錯誤目標」的「行為」，要改變的，並不是行為，而是「錯誤目標」。

*如果孩子長期處於沒有安全感或歸屬感的狀態下，為了生存，孩子的行為就會衍生出「錯誤目標」，爸媽需要協助孩子重新定位自己行為的目標，回到真實的需求，才能讓孩子擁有穩定的性格。

*讓孩子知道父母是無條件愛著他們的，父母才擁有了教養孩子的影響力，孩子也才願意聆聽與接納父母的建議。

*幫孩子做他可以做的事情，孩子不但感受不到父母的愛，反而會覺得自己無能；孩子不但沒辦法成為自己的主人，反而會習慣責怪別人。

*陪伴孩子，並不是要幫孩子想方法、幫孩子整理，而是讓孩子知道父母是支持他的。

*行為沒有對錯，它反映的是孩子內心的需求或匱乏。

綠豆粉圓爸遇見阿德勒的第4堂課

看見孩子的亮點

睡前的窩窩心和暖暖抱

「孩子平安長大，就是幸福！」在和家長的線上讀書會中，我寫下這句感想。

每天從睜開眼睛的那一刻起，孩子和我們都在面對不可預知的未來，有可能事事順心、也有可能遭遇意外。沒有父母希望孩子發生意外，但正也因爲是「意料之外」，許多時候連防範和反應的時間都沒有。父母除了陪伴孩子提升自我照顧的能力、讓孩子擁有安全意識之外；也要讓自己在面對意外發生後，不要懊悔陪伴孩子的時間不夠、互動品質不佳。

半年前我們回娘家，綠豆坐阿媽的摩托車到文具店買畫畫本。沒多久阿公接到阿媽的電話，電話裡的阿媽哭著說：「我們出車禍了。」我們沒有追問太多細節，知道地點後抓起外套就開車趕往文具店。短短不到五分鐘的路程，我的腦中浮現各種車禍的畫面，心中忐忑不安著綠豆的狀況。

我想著：「如果眞有什麼不測，我會後悔嗎？」還沒想出答案，遠遠地就看到綠豆和阿媽站在文具店門口，已經有警察在一旁丈量著，心中的大石也就放下了。運氣很好，阿媽的摩托車從文具店起步時，被一臺摩托車撞上來，如果是汽車，那後果就不堪設想了。

很多父母都很盡職地教養和教育著孩子，但往往一不留意，就是針對孩子的缺點或不足之處，窮追猛打。孩子感受不到我們對他的愛，只感受到我們的挑錯；我們感受不到孩子對我們的愛，只感受到孩子的挑釁。我們都忘了，當孩子出生時，我們看著孩子所許下的心願：「你要平安長大喔。」

每天十分鐘，滿足孩子的真實需求

孩子每天要面對的挑戰很多、失敗也不少，如果我們不能阻擋意外的發生，至少讓我們和孩子，能夠對意外之前的生活感到滿足、感到幸福、感到愛。每天睡覺前，不要再開檢討會了，不要再指責孩子今天這裡不是、那裡不好，有需要討論的，留待每週一次的家庭會議再來談，睡覺前是讓孩子感受我們愛他的最好時機，因此我會建議大家：每天花十分鐘的時間，和孩子「窩窩心和暖暖抱」吧。

窩窩心是回饋給孩子他今天有什麼能力的成長、爲家庭貢獻了什麼、以及哪些地方自己作主負責，最重要的，是將父母的感受回饋給孩子。有的父母說剛開始找不到話題，那就和孩子說：「謝謝你今天和我一起生活著，爸爸媽媽覺得很幸福！」

暖暖抱是和孩子親密地擁抱，用肢體語言的力量，讓孩子感受到父母對他的全心接納、全然包容。初期，有的父母和孩子會覺得彆扭不適應，但並不表示孩子不需要父母的擁抱，孩子只是需要重新找回擁抱的力量而已。然後花時間聽聽孩子分享他的生活點滴、想法和趣事，也可以聊聊彼此對於某件事情的看法，或是和孩子分享自己的童年故事……都是「窩窩心和暖暖抱」可以做的事情。

有父母跟我分享，經過一陣子的「窩窩心和暖暖抱」之後，孩子也會主動回饋給父母，甚至會看到父母辛苦的那一面，並且發自內心地給予感謝，同時家庭的氛圍，也因爲每天十分鐘的「窩窩心和暖暖抱」有了很大的改變。

每天只要十分鐘，就可以滿足孩子的眞實需求：「有能力、有價値、有權力、有人愛」，何樂而不爲呢？

孩子最需要被傾聽和鼓勵

有一個笑話是這麼說的。

小學三年級的小英回到家裡，問媽媽：「媽媽，我是從哪裡來的？」媽媽心想：「看來時候到了，孩子對於生命的起源產生疑問了。」於是和小英說了結婚、懷孕、生產的流程。

小英忍不住打斷媽媽，說：「媽，妳說的我都知道。我想問的是，小明說他是從高雄來的、小華說他是從澎湖來的，我想知道我是從哪裡來的啦。」

說實在的，身爲父母的我們，很容易去「猜測」孩子的話，甚至打斷孩子的話語，用我們自以爲是的認知去接續孩子的話。卻忽略了可以再多花一點時間、多花一點心力，去「聽」孩子眞的想告訴我們的事情。面對孩子的行爲，我們也很直覺地去對孩子說理、說教，卻不見得了解事發的經過，或是行爲的起因。

有的書是這麼寫的：「當老婆跟老公說今天遇到的狀況時，她想要的是老公的傾聽，可是老公往往沒聽完，就給了老婆五個建議和方法。而這些並不是老婆想要的。」孩子也是如此，他們往往需要的，是一個願意傾聽他們的大人，而不是處處顯得比孩子厲害的巨人。

我和父母拆解「聽」這個中文字：左邊「以耳為王」，也就是要運用耳朵，但還不夠，右上方「十目」代表眼光要集中在對方身上，右下方「一心」代表要全心全意，以上都做到了才叫做「聽」。因此若父母真的在忙，而孩子又想和父母說話時，我建議父母和孩子約定一個時間，例如：十分鐘後。然後請孩子按下計時器，時間到了父母就先放下手邊的工作，先去傾聽孩子的話，然後和孩子交談、而不是教導。一個行為不良的孩子，往往是氣餒的孩子；一個最需要被鼓勵的孩子，往往是最少得到鼓勵的孩子。

不含期望的具體讚美

「鼓勵」是阿德勒心理學的關鍵核心，阿德勒認為：「鼓勵是心理治療的核心，也是親子教養、教育與輔導工作不可或缺的元素。然而，鼓勵的概念似乎眾所皆知，實踐時卻讓人覺得模糊、混淆。」（張英熙，二〇一三年）

「鼓勵，是教養孩子最重要的一部分。如果缺了它，可能就是造成不良行為的根本原因。」阿德勒說。然而，臺灣的父母很會挑錯，卻很不會鼓勵孩子，或是誤將讚美當成鼓勵，不斷地吹捧孩子，卻沒有讓孩子感受到自己的能力與努力。例如：孩子畫了一幅畫，開心地拿給父母看，父母的回應往往是「你好棒喔！」、「畫得好像喔！」、「好厲害喔！」這都是空洞的形容詞，也就是大家慣用的「讚美」，對於孩子來說，並不清楚自己究竟哪裡棒、哪裡厲害，或是爲了要滿足大人說的「好像」，而將焦點放在達到大人的期望，逐漸地會失去對自己能力的判斷、以及對於自我興趣的追求。

初期，父母可以先練習「具體的讚美」，至少在你好棒、畫得好像、好厲害之前，加上是什麼原因讓父母有如此的評價，例如：「你的顏色很豐富，我覺得你畫得好厲害！」再來，可以用「我訊息」的三元素，來練習「鼓勵」：（一）孩子的行爲、（二）造成的影響、（三）父母的感受。例如：「你畫的這幅畫，有著很豐富的顏色，我覺得看著就很幸福。」最後，父母要練習重視孩子的過程，而非結果；重視孩子的內在成就，而非外在評價。要留意的，是在鼓勵的詞句裡，不要夾帶著父母的「期望」，例如：我希望你下次能更好、我知道你一定可以做得更棒……之類的。而且「鼓勵」很適合在行爲的當下就回饋給孩子；「批評」反而不適合在行爲的當下和孩子說。

翻轉負面標籤

在父母成長課程中，父母交換著彼此的教養心得與煩惱。

一位爸爸說：「我最煩惱的是我家小孩吃飯速度太快，我都很怕他噎到。」對面幾位媽媽睜大眼睛說：「吃飯快很好呀！要像我家小孩，一口飯可以在嘴裡咬十分鐘還不吞下去，我都快昏倒了。」

有媽媽說：「我家小孩很怕生，看到陌生人就躲到我身後。」另外一位媽媽說：「這樣比較安全，像我家小孩太熱情了，看到不認識的人也都沒在怕，讓我好擔心。」

也有媽媽說：「我覺得我家小孩太安靜了，要約他運動都不要。」對面的爸爸則說：「我家小孩太好動了，要他靜下來看本書都很難。」

「你們有沒有發現，大家都在羨慕別人家的孩子呢？」其實這樣的狀況，在我們小時候就經常發生，老師總是說：「你看看隔壁的同學，多麼用功念書。」長輩總是說：「你看看隔壁的小明，多乖多聽話。」等到我們當了父母，似乎也很自然地覺得別人家的孩子比較好了。

其實所有的性格和行爲都是一體兩面的，並沒有絕對的好或壞，只是我們很習慣從負面的角度來看待孩子的性格和行爲，長期相處下來，孩子就無法感受到自己的價值，也就很容易否定自己了。因此我帶領父母列出他們認爲孩子的負面性格，例如：悲觀的、自私的、內向的、傲慢的、膽小的、沒耐心的、暴力的、無趣的、多愁善感的、保守的、難搞的、懦弱的、懶散的、固執的……然後用正向的形容詞來描述這些性格，改寫這些負面標籤，例如：內向的→謹慎的、膽小的→留意安全的、沒耐心的→有效率的、多愁善感的→情感豐富的、難搞的→有主見的、懶散的→享受生活的、固執的→有毅力的……換個角度來看孩子的性格和行爲，雖然孩子沒有改變，但自己的視野卻改變了，就更能夠接納孩子。

成為自己孩子的教養專家

而最近我常接到家長的電話，開頭的自我介紹除了孩子的年齡、性別之外，還會加上：「我小孩有亞斯柏格症」、「我小孩有過動症」、「我小孩有ADHD」、「我小孩有情緒障礙」、「我小孩有人際障礙」、「我小孩感覺統合失調」……

這又是另一種負面標籤，我們太容易把孩子的行爲和「病症」連結起來了，但其實多數的孩子沒有生病、也沒有不正常，他所需要的，是一個適合他需求的環境；是一個包容他發展的空間。

外在的社會、學校，還有很大的努力改善空間，但至少孩子的家庭與家人，要成爲一股支持孩子的力量，而不是落井下石或撒手不管。每個孩子都想被理解、被看懂，至少父母必須擔任這樣的角色，這也是我在父母課程介紹所寫下的：「以前我們把自己孩子交給教養專家，現在我們要成爲自己孩子的教養專家。」

本章重點

＊睡覺前是讓孩子感受我們愛他的最好時機，每天花十分鐘的時間，和孩子「窩窩心和暖暖抱」。

＊一個行為不良的孩子，往往是氣餒的孩子；一個最需要被鼓勵的孩子，往往是最少得到鼓勵的孩子。

＊運用「我訊息」的三元素，來練習具體鼓勵：（一）孩子的行為、（二）造成的影響、（三）父母的感受。

＊「鼓勵」很適合在行為的當下就回饋給孩子；「批評」反而不適合在行為的當下和孩子說。

＊改寫負面標籤，換個角度來看孩子的性格和行為，雖然孩子沒有改變，但父母的視野卻改變了，就更能夠接納孩子。

綠豆粉圓爸遇見阿德勒的第5堂課

優質的幼年經驗

陪伴還是陪絆？陪玩還是陪完？

許多全職父母很困惑地問我：「我已經陪孩子一天超過十小時，都沒有自己的時間了，爲什麼孩子還是覺得我陪得不夠？」

也有很多上班的父母不解地問我：「好不容易安排了假期出遊，爲什麼孩子不但不珍惜，還一直抱怨、發脾氣？」

網路上曾流傳一段影片，內容是一位在家工作的媽媽，身旁有一個剛學會走路的孩子。儘管媽媽已經將工作區設在客廳；儘管媽媽的周圍散落一地的玩具，但是孩子就是一直要媽媽注意他，所以想辦法擠到媽媽的懷裡、爬到媽媽的工作檯、撕衛生紙交給媽媽、往門口跑直到媽媽抱他進來、抓媽媽的頭髮……最後媽媽終於受不了，無奈地把電腦闔上。

父母是人不是神，也需要自己的時間與空間，因此我並不建議父母無時無刻地陪在孩子身邊，甚至過量、過度地陪著孩子，不但會讓父母自身彈性疲乏，還很容易造成孩子的獨立自主能力大幅降低。

因此父母必須先規畫出每天專屬於自己的兩段時間：自主時間、靜心時間。

自主時間是用來完成自己的興趣或工作。有的媽媽喜歡做手工、有的媽媽喜歡做裁縫；有的爸爸喜歡組模型、有的爸爸喜歡打電動，都可以運用自主時間進行。靜心時間則是用來放鬆、沉澱與思考，有的爸媽喜歡看書看雜誌、有的爸媽喜歡看電影、有的爸媽則覺得泡澡很適合。因爲是專屬於自己的時間，孩子不能打擾，所以會需要規畫一處獨立的空間或區域。

或許看到這裡，有的父母心裡已經有個大問號：「怎麼可能？孩子怎麼可能讓我有時間？一天還有兩段時間？」別急別急，很多家庭（包括我）都從孩子很小（我家是從一歲起）就開始執行，而且都可以做得到，要怎麼做到呢？

學齡前的孩子，如果按照正常的發展階段，自處的時間可以逐步增加、需要父母陪伴的時間逐步減少。除了陪伴時間的「量」之外，「質」其實更爲重要。當父母給予孩子的陪伴有足夠的量、良好的質之後，很自然地，孩子就會反饋到親子關係當中，自處的時間與能力都會增加，父母也就能夠擁有專屬於自己的時間了。

如果父母使用不正確的「陪」，不但會擾亂了孩子的正常發展，也會造成孩子愈來愈無法自處、愈來愈需要父母陪，但這樣的陪伴卻是無效的，造成負面循環。

我們可以練習分辨以下的不同：

欣賞鼓勵的陪伴VS規定限制的陪絆

父母需要先安排一個符合孩子年齡的空間、協助孩子準備需要的服裝和工具，接著明確地和孩子說明與執行安全的界線、時間的規畫，接著就可以陪著孩子盡情地探索與遊戲。遊戲的過程中欣賞孩子的好奇心、鼓勵孩子的探索行動，因爲空間符合孩子、因爲服裝和工具都很適合、因爲安全界線與時間規畫都很明確，因此親子可以很安心、放心地互動。

然而我經常觀察到的，是空間、服裝和工具都不適合，而安全界線與時間規畫也都沒有充分說明與徹底執行。造成父母只得不斷地大喊：「安靜不要吵！」、「這不要碰，手會髒掉！」、「那不要摸，衣服會溼掉！」、「不要拿別人的東西！」、「你再不走，我就不等你囉！」

像我在公園撰寫這篇文章時，因爲早上剛下過雨，所以地上有許多的積水，但大部分的父母帶孩子出來，卻沒有協助孩子穿雨鞋或防水衣褲，然而兩三歲的孩子，看到滿地積水簡直就像看到遍地黃金一樣，很想要跳進去踩水、或是想要坐在水裡面，可惜的是父母只能一直大聲喝止，卻又不帶孩子前往別的空間。

當孩子的探索與遊戲不斷地被父母打斷，加上父母大喊的規定與限制，反而激發了孩子和父母的權力鬥爭，而父母如果沒有覺察，就會採用威權的方式壓抑孩子的自主性，結果成了孩子發展的「絆」腳石，失去了陪伴最珍貴的互動了。

全心投入的陪玩VS心不在焉的陪完

父母需要和孩子一起討論一天的計畫，如果孩子比較小，可以在前一晚確認隔天的行程，等到孩子大一點，就可以利用假日確認一週的行程。

父母的自主時間與靜心時間，也可以是孩子的自主時間與靜心時間，而在分開之前，一定要先進行有品質的「親子時間」。此時的父母要放掉父母的身分，找到自己內在的童心，像個孩子般地全心投入與孩子一起玩、一起瘋、一起快樂。時間截止之前，提前預告孩子下一個時段，然後做個情境的轉換，像是喝水、吃點心、聽故事，都是很不錯的轉換方法。

因爲孩子天生就是很敏銳的觀察者，所以父母只要人在心不在，馬上就會被孩子發現，於是孩子只能展現生存的本能：「注意我！」將自己的焦點從遊戲和探索中移開，轉向吸引父母的注意力，如果每天都是如此，孩子就只能發展出「如果沒有人注意我，我就是沒價值」的錯誤目標，而要求更大量、但無意義的陪伴了。

如果過去孩子對父母不夠安心和信任，剛開始這麼做時，孩子會不願意和父母分開，但父母必須溫和而堅定地執行，同時遵守和孩子的約定，當下一段的親子時間到了，不能有任何的理由和藉口拖延，要立即再次投入親子的遊戲當中。

當時我的孩子一歲左右，我的執行方式是先安排三十分鐘的親子時間，然後就是十分鐘的自主時間；靜心時間則安排在孩子午休的時間。一天一天地執行後，孩子就很清楚地知道，當父母陪他的時間就是全心全意地投入，而當父母在進行自主時間時，孩子也可以安心地自己玩。然後隨著孩子逐漸長大，我的自主時間也從十分鐘一年年地增加，到孩子六歲時，他可以自己規畫半天的行程，讓我有更完整的時間可以運用。

有的父母會問我：「有自主時間和靜心時間很好，但家事怎麼辦？我做家事的時候，就是孩子一直盧我的時候呀！」

父母要先有一個基本概念：家事，是全家人的事。而全家人也包括孩子在內，因此家事時間也是親子時間的一環喔。當親子時間、自主時間、靜心時間在每天都順暢地運作後，家庭自然和樂融融、父母和孩子自然性格穩定啦。

「小敏，我載你去！」異性親子關係的重要性

有一則汽車廣告，我在每次演講當中都會和家長分享。廣告中的小敏，被三位騎摩托車的男士約去看雲海、露營、泡溫泉，都沒有經驗的小敏，爽快地答應了對方的邀約。接著小敏的爸爸驚醒，原來是一場惡夢，趕緊約女兒去體驗各種不同的活動。

很多爸爸看完這則廣告後，紛紛和我分享他們對於女兒未來的想像和擔憂，也眞的有不少爸爸做過類似的惡夢呢。因爲我沒有女兒，讓我沒有做惡夢的機會，反而因爲綠豆粉圓兩個都是兒子，而曾經讓我有過挫折感。

當年綠豆三歲、粉圓一歲，白天是我擔任全職奶爸一對二的時間，我可算是絞盡腦力、拚盡全力地滿足兩個孩子的生活需求。然而只要到了下午四點左右，綠豆就會開始問：「媽媽什麼時候回來？」然後媽媽一踏進家門，兩個孩子立刻就像忘了我的存在一般，直奔向媽媽的懷裡。

一方面我告訴自己：我下班了，換媽媽接手；但另一方面心裡卻覺得酸酸的，心想好歹我也陪伴你們八小時以上，都沒有一點感激的樣子，就這樣棄我而去，讓我覺得很挫敗。

後來我才知道，青春期之前的「異性親子關係」是很重要的。如果是兒子，就是媽媽和兒子；如果是女兒，就是爸爸和女兒，彼此要有很緊密的連結。

心理的依附與身體的接觸

依照孩子的發展階段，在六個月以前，孩子只要生活需求能被滿足，餓的時候能吃、渴的時候能喝、想睡的時候有人哄，孩子就能夠擁有對外界的信任感。而從六個月到三歲，主要照顧者的核心依附感相當重要，此時對孩子來說並沒有性別的差異，爸爸或媽媽都可以成爲孩子的核心依附對象。

接著從三歲到青春期之前（約十歲左右），「異性親子關係」就變得很重要了，也就是母親和兒子、父親和女兒的互動模式，對於孩子的性格、交友、生活、甚至未來組成家庭，都有著相當深遠的影響。所謂的「異性親子關係」，除了心理的依附需要充分滿足之外，身體也要在很自然、自在的情境下大量地互動與接觸。

到了青春期之後，「同性親子關係」就變成重點：由母親帶女兒，學習如何從女孩邁向女人；父親帶兒子，學習如何從男孩邁向男人的歷程。

不少父母在孩子三歲左右，就會希望孩子獨立，但通常對於獨立的期望，是孩子不要來「煩」爸媽、可以自己玩、自己睡覺，對於會「黏」爸媽的孩子，父母甚至會以爲孩子是不是有問題。接著到了五歲左右，也有很多父母礙於傳統的價値觀，所以媽媽不再和兒子一起洗澡、爸爸不好意思和女兒相擁入睡。

從孩子的身上我們可以觀察到，其實孩子都會「發出警訊」：有的孩子會直接提出要求；有的孩子會用更黏人的方式獲得父母的關照；有的孩子則以對抗、不配合、顯示無能來表達抗議。然而許多父母會誤解孩子的「警訊」，認爲要矯正孩子的行爲，反而用更大的力量、更多的要求，要孩子達到父母的期望，然而，這只是把孩子推得更遠、讓親子關係更加疏離而已。於是孩子到青春期之後、或甚至更早，就會像廣告中的小敏一樣，去尋找另外一個可以依附與信賴的對象，想要結交男女朋友。這不只是女兒會發生的事情，兒子也會如此。

因此我建議每個家庭，如果有兒子，就請媽媽溫柔地對待他、包容他、接納他；如果有女兒，就請爸爸好好地呵護她、照顧她、陪伴她。然後安心地、放心地、自在地、帶著親子之愛，跟孩子擁抱、遊戲、一起泡澡、讓孩子碰觸你的身體、眞誠地分享爸媽心理和身體的一切。

青春期之前的孩子，在生理上並不會像成人一樣，有過度的遐想，更不會有大人擔心的

「性衝動」。若在此時讓孩子有機會對於自己的身體和異性的身體，有很自然而然地認識，對於孩子進入青春期之後，反而會有正面的幫助。

好好地重視這段生命中最珍貴的時光，最多也不過十年而已，某一天當孩子跟你說「跟你牽手、跟你擁抱、跟你泡澡，我會很不好意思」的時候，就是孩子準備要進入青春期的時候，此時父母也要準備換手交棒囉。

在我們還不知道「異性親子關係」之前，綠豆粉圓媽也一度很害羞自己的身體被兒子看光光，甚至還會對媽媽的身體動手動腳、指指點點。後來理解了異性親子關係的重要性之後，除了我自己可以釋懷兒子對於媽媽的心理需求，不再感到挫敗之外，綠豆粉圓媽也開始用更自在的態度，面對孩子對於她身體的好奇。每年冬天，我們都會全家一起相約泡溫泉，直到去年冬天綠豆九歲時，他跟我們說他不要再跟我們一起泡溫泉，我們知道他長大了，可以準備和他一起迎向下一個人生階段的挑戰了。

從「五歲以下，臺北捷運上可以吃東西」談需要和想要

我的臉書上有很多朋友分享一則公告，文字的標題是「五歲以下，臺北市捷運上可以吃東西」，圖片的標題則是「捷運中，幼兒（五歲以下）若有飲食需求，是可以的，您知道嗎？」

有的朋友感到欣慰，因爲她曾經在捷運上哺餵一歲孩子母乳，而被乘客指正說「捷運上不能吃東西」；也有朋友感到憂心，認爲過不了多久，就會有孩子在捷運上大啖零食、喝養樂多，然後讓捷運的乾淨受到影響。

我自己在家庭、以及運作自學團體、親子團體當中，都一再鼓勵自己和其他家長，不要落入「可以/不可以」的二分思維，而是從「常規」和「需要/想要」的角度，帶領孩子一起去思考。

我們之所以使用「常規」這個名詞，是爲了和「規定」做區別。我們定義的「常規」，是落實在日常生活中，並且對自己有好處（或沒壞處）、也對別人有好處（或沒壞處）的準

則。而我們定義的「規定」，則是由某一方（通常是在上位、或有權威者）所訂定的規矩，指的是對訂定者有好處（或沒壞處）、但對別人沒有好處的要求。我們鼓勵每個家庭，都要建立屬於自己家庭的「常規」，包含了：時間常規、地點常規、物品常規等，而長期的常規運作，就會形塑出家庭文化與價值觀。

和孩子一起思辯「立法」用意

回到社會當中，人數是家庭的上萬倍，因此就會制定「法律」，在當中包含了我們談的「常規」類型，也包括了「規定」類型。以臺北捷運所依據的「大眾捷運法」第五十條第一項第九款為例：「於大眾捷運系統禁止飲食區內飲食，嚼食口香糖或檳榔，或隨地吐痰、檳榔汁、檳榔渣，拋棄紙屑、菸蒂、口香糖、瓜果或其皮、核、汁、渣或其他一般廢棄物。處行為人或駕駛人新臺幣一千五百元以上七千五百元以下罰鍰。」

我們不帶孩子從「罰責」的角度來看法律，因為那只會讓孩子培養「不要被抓到就沒事」的僥倖心態。我們是帶孩子從「立法」的角度來看法律，和孩子一起思辯為什麼要訂立這條法律？

「為什麼要規定搭乘捷運不能飲食？」我們問孩子。

孩子回答：「因爲如果打翻或掉出來，會造成清潔人員的麻煩。」、「因爲坐捷運不用多久就到站了，餓了渴了到站再吃就好。」……

「那爲什麼坐火車或高鐵就可以飲食？」我們再問孩子。

孩子說：「因爲火車通常有位置可以坐，而且像高鐵還有桌面可以使用，比較不容易打翻。」、「因爲火車和高鐵通常都要坐比較久，所以是會有吃東西或喝東西的需要的。」……

孩子沒有回答「因爲會被罰錢」，而是從自己的生活經驗、對他人可能造成的影響、以及現實的時間距離做爲思考的角度。而我們落實在生活當中，就連搭乘區間車，只要是在一小時以內的車程，我們和孩子也不會在車上飲食。因爲時間並不長，所以沒有在車上飲食的「需要」。但我自己和孩子，也都有在捷運上喝水的經驗，我是因爲突然的腸胃痛，得趕緊吃顆腸胃藥；而孩子則是因爲口渴難耐而喝水。如此的「突發狀況」，就是我認爲臺北捷運這次回覆的主軸：「惟考量嬰幼兒飲食爲其生理需求，對於嬰幼兒飲食（含哺乳或餵食副食品）行爲目前並不會取締。」關鍵字是「生理需求」，至於「五歲」的分界，則是「參考我國現行教育學制規定」。

「突發狀況」談的是例外，是在不得已、偶然發生的狀況下；和「五歲以下，臺北捷運上可以吃東西」談的角度，我認爲是有相當大的不同。我們常提醒家長和孩子，不要落入

「爲了反對而反對」、「別人不行，我可以」、甚至是「只要我喜歡，有什麼不可以」的陷阱當中。因爲大眾捷運法定了禁止飲食，我就偏要挑戰這條法律，我就偏要在捷運上飲食，這是「爲了反對而反對」；因爲臺北捷運公告了五歲以下飲食不會禁止，所以五歲以下的孩子彷彿掌有了「別人都不行，只有我可以」的特權；也因爲這篇公告，就算孩子沒有肚子餓，就算沒有口渴，我就偏要讓孩子在捷運上飲食，這就落入了「只要我喜歡，有什麼不可以」的陷阱。

先處理心情，再處理事情

在綠豆三～五歲、粉圓一～三歲之間，我經常帶著綠豆和粉圓在臺北趴趴走，因此有很多次搭乘捷運的經驗。爲了順利搭捷運，我們討論出許多個人、親子可以做的事情（畢竟我一個帶兩個，有的時候他們必須進行個人時間）。孩子身上一定有畫冊和畫筆、一本小書，有時是貼紙遊戲本、有時是著色本。然後我們有很多共通的手指謠、手指活動、猜拳、猜謎、接龍、笑話、故事、或是一起轉身看看窗外景色（文湖線和淡水線可以這麼做），都是陪伴我們度過捷運時光的消遣。

因爲孩子背包裡也都會裝著他們自己的點心和水壺，「有沒有發生過他們搭捷運到一半，想要吃點心、想要喝水、甚至想要上廁所的狀況？」很多家長會問我。

「當然有呀，他們可是孩子呢。」我說。

我們會先和孩子確認還有幾站會到、需要大約多久的時間，然後詢問孩子：「是要等到站時再吃、喝、上廁所？還是要在下一站就先離站吃、喝、上廁所？」

如果是急迫的「需要」，孩子就會選擇下一站先離站，滿足自己的需求；如果只是「想要」，也因爲我和孩子彼此的信任感，同時他們也有大量的正向經驗，知道等待到站後再滿足，也不會造成任何負面影響，他們就會選擇到站再做。

「所以綠豆和粉圓都沒有在捷運上哭鬧的經驗嗎？」也有家長問我。

「當然有呀，他們可是孩子呢。」是同樣的答案。

先處理心情，再處理事情，我們會在下一站立即下車、出站，找到一處不影響其他人的空間，然後先陪伴孩子面對他自己的哭鬧，哭完了、鬧完了，我們再討論接下來要怎麼做。這就是我們談的「行爲結果法」，孩子在一次一次的經驗中，累積自己的選擇，也在我們溫和而堅定的態度下，理解不需要用哭鬧來做爲工具和手段，因爲是無效的。

延遲享受、轉移注意力

孩子有飲食的生理需求，就像孩子有玩的生理需求一樣，都値得大人去滿足孩子。但滿足需求的同時，家長也必須將「常規」和「需要/想要」一併納入，做爲帶領孩子思考的角度。

捷運的車廂設計，並不是提供乘客飲食使用、也不是讓孩子在上面玩的（物品常規），因此在搭乘捷運之前，我們都會先讓孩子吃飽、喝足、玩夠（調整情境）；如果在捷運上孩子有需要，我們可以先行離站，滿足後再搭車。當然，時間就這麼多，在這裡多花了一些時間，也就代表原定的行程會少了一些時間（時間常規）；如果只是想要，那麼培養孩子「延遲享受」，同時轉移孩子的注意力到親子遊戲，讓孩子不無聊，自然可以減緩孩子對飲食、對玩的想要衝動了。

法律，不是讓一群人拿來做爲「正義魔人」，可以大肆指責別人的令箭；而公告，也不是讓另一群人拿來做爲「特權」，只要我喜歡，有什麼不可以的擋箭牌。當嬰幼兒眞的有飲食的需求，而父母又無法在下一站下車滿足孩子時，彼此多一分包容，讓孩子可以紓解生理的不適，無需任何的指責；但當孩子兩歲前後，已經可以和父母對話了，讓孩子理解「常規」並且分辨「需要／想要」，彼此多一分尊重，讓自己好、讓別人也好，是我們認爲民主教養當中很重要的環節。

本章重點

＊不建議父母無時無刻地陪在孩子身邊，甚至過量、過度地陪著孩子，不但會讓父母自身彈性疲乏，還很容易造成孩子的獨立自主能力大幅降低。

＊如果父母使用不正確的「陪」，不但會擾亂了孩子的正常發展，也會造成孩子愈來愈無法自處、愈來愈需要父母陪，但這樣的陪伴卻是無效的，造成負面循環。

＊從三歲到青春期之前（約十歲左右），「異性親子關係」變得很重要了，也就是母親和兒子、父親和女兒的互動模式，對於孩子的性格、交友、生活、甚至未來組成家庭，都有著相當深遠的影響。

＊不要落入「可以/不可以」的二分思維，而是從「常規」和「需要/想要」的角度，帶領孩子一起去思考。

綠豆粉圓爸遇見阿德勒的第**6**堂課

共好的親子關係

「我好、你也好」的親子關係

孩子的人際議題，並不是上學後才發生的，而是打從孩子一出生，身邊的主要照顧者——尤其是父母——就成為孩子所經歷的第一段人際關係。許多孩子到後來之所以有人際的困難或障礙，往往是因為第一段人際關係沒有正向優質的發展，加上孩子從經驗中學習與模仿，因此在後續的人際互動上，就會一直呈現負面循環、每況愈下的狀態。

我們將人際關係的四種模式套用在親子關係上，除了檢視自己和孩子是如何互動的之外，也期許自己能夠邁向「我好、你也好」的親子關係。

一、「我不好、你不好」的親子關係

曾經有朋友為了孩子的教育，希望搬離現居的城市，然而朋友的父母卻不能接受這件事情，認為朋友只顧孩子，要拋棄父母了，雖然搬家後和父母家的車程不過四十分鐘，但老人家卻怎麼也不同意，甚至還要以死相逼。

許多的父母，在成長的歷程中失去了悅納自己的能力，覺得自己像個受害者一樣，生命中處處不順利，甚至將這樣的不順利怪罪到孩子身上。當孩子受到讚揚、有所成就時，父母卻會冷冷地說：「這沒什麼了不起，而且還不是我含辛茹苦拉拔他長大的。」

孩子還在學齡前，父母就會怪孩子讓他失去了自由、時間、工作、享受；孩子上了小學，父母就會要求孩子像辛苦工作般地努力念書，最好功課多到寫不完。孩子永遠都達不到父母的期望，孩子永遠都不能快樂，因爲父母自己不快樂。

二、「我好、你不好」的親子關係

「我好、你不好」的親子關係在現代的都市中隨處可見。父母帶著孩子到不適合孩子年齡和發展的餐廳用餐，需要活動的孩子被要求乖乖坐好，想要講話的孩子被要求安靜閉嘴。

父母爲了讓孩子達到自己預設的教育目標，幫孩子安排各式各樣的才藝課程，跑遍大江南北的才藝教室，但當孩子進到教室後，就是父母開始聊天、抬槓、刷手機的時間。父母也會要求孩子達到自己預設的道德標準，要求孩子學會表面上的禮貌，做出表面上的尊重，卻忽略了孩子的內在需求與發展，只爲了讓自己看來是個「好」父母。

而當父母自己的生活或心情略有不順時，就會將怒氣一股腦兒地倒在孩子身上，打、罵、威脅、恐嚇、處罰、嘮叨樣樣都來，孩子就像個出氣筒、受氣包一樣，被打罵完後還要懂得向父母認錯與道歉。逼著孩子愈來愈沒有自信、愈來愈無能，而最終受害的，仍是親子雙方呀。

三、「我不好、你好」的親子關係

或許和孩子愈生愈少、愈生愈晚有關，也有很多的父母，把孩子呵護得無微不至，這不能碰、那不能摸，書包父母背、水壺父母拿，把自己當成傭人一樣服務孩子。

孩子說他累了，父母二話不說就抱起來，即使孩子並沒有眞的累；孩子說他餓了，父母三更半夜爬起來張羅食物，即使是孩子自己選擇不吃晚餐；孩子說他要玩具，父母也不會帶著孩子思考需求與規畫財務，買就是了；孩子說他想要玩到半夜，父母不考量孩子的生理發展，誤以爲孩子說的就該滿足，就算自己很累也陪孩子玩到半夜；孩子生氣了，父母爲了平息孩子的怒火，好說歹說、利益交換，甚至讓孩子打、踢、罵、吐口水都不能有任何反應。

父母以爲這樣就是爲了孩子好，卻徹底忽略了自己的角色與責任，反而讓孩子目中無人、以爲「只要我喜歡，有什麼不可以」。

四、「我好、你也好」的親子關係

父母珍視孩子的生命價值，願意相信孩子具有智慧與能力。父母懂得孩子心裡希望擁有「自由與平等」的需求，同時願意擔負起父母教養的重責大任，帶領孩子一同練習「自由與承擔責任」，一起建構「平等與互相尊重」的關係。

父母不需動怒，亦無需發火，面對孩子的惱人行爲，先同理孩子，再了解孩子行爲背後的原因，最後邀請孩子一起進行討論，尋求共識或解決方法。父母也不會讓孩子騎到頭上，而是思考自己的價值觀與生活準則，以家庭會議的方式制定常規與界線，然後用溫和而堅定的方式，陪伴孩子面對行爲的自然結果或合理結果。

父母懂得在心理層面亦步亦趨地跟隨孩子，並且在生活層面放心、放手地讓孩子嘗試，運用鼓勵的方式讓孩子肯定自己的能力和努力，創造合作的氛圍，讓孩子聚焦自己對家庭的貢獻和幫忙。

我們都希望孩子擁有良好的人際關係，因此優質的親子關係就需要認眞對待。幸運的是，每一段人際關係都有機會重新調整或修補，而親子關係也是如此。無論過去的你和孩子是屬於哪一種親子關係，從今天開始，你都有機會和能力去改變。當父母開始改變，孩子也就跟著改變，共同邁向「我好、你也好」的親子關係吧。

你和孩子是合夥人？還是敵人？

在展賦優幼團中，父母每天的作業就是把和孩子相處互動的模式記錄下來，藉由記錄時的自我覺察，父母可以很清楚地看到孩子和自己在上演的戲碼，是愉快的喜劇？緊張的恐怖片？勾心鬥角的無間道？還是充滿暴力的動作片？

如果家長想要有不一樣的親子關係，想要從恐怖片、動作片、悲劇變成喜劇，那麼就會需要「改寫劇本」，先改變自己的觀念與思維，再改變動作與臺詞（記得，孩子沒有改寫劇本的能力，改寫劇本的能力是在大人的手中）。

有全職媽媽在面對與孩子長時間的相處、拔河、衝突後，寫下了這段話：「我眞的累得想要離家出走了。每天都得戰戰兢兢地面對兩個孩子，很怕兩人擦槍走火，然後又爲了要迎合小孩，做好多自己不喜歡、不願意的事……」

我們同理媽媽的心情，優幼的家長也形成了彼此加油打氣的心靈支援團；但同時，我們也要積極面對與正視，「敵對的親子關係」所造成的媽媽的疲累、和孩子性格的損傷。如果孩子心理跟大人一樣成熟，他們也會跟媽媽有一樣的想法：「我眞的累得想要離家出走了。每天都得戰戰兢兢地面對爸爸媽媽，很怕爸媽爲小事發火，然後又爲了要迎合爸媽，做好多自己不喜歡、不願意的事（例如：收玩具、吃青菜、準時睡覺）……」

可惜的是孩子的心理沒有那麼成熟，也沒有那麼大的勇氣離家出走（不久前的新聞，已經有小學的孩子離家出走了），所以孩子能用的武器不多，不外乎：一哭、二鬧、三耍賴。如果爸媽不會發火、不用孩子迎合、不要孩子做自己不喜歡、不願意的事，大家猜猜看，孩子還需不需要用武器呢？

優質的幼年經驗、共好的親子關係

「難道就不管嗎？難道就不教嗎？」一定有人心中冒出這樣的問號。

當然要管、要教，但不是用這些無效的方法，不是用敵對的關係。怎麼知道方法無效呢？就是沒過幾天，同樣劇碼又再重頭上演時，你就知道這些方法是無效的。

「那我要知道有效的方法！」很多家長看遍教養書籍、上遍教養課程，爲的就是尋找有效的方法。但在優幼團中，我們「莫急、莫慌、莫害怕」，一步一步來引導家長，從觀念和心態開始調整，「讓孩子教你如何教他」，接著放下「控制孩子」的念頭，放下「乖孩子」

的期望，放下「好父母」的預設後，再來學習「共好的親子關係」當中的溝通與相處技巧，否則大家學會了方法，就只是變成去「對付」孩子，而不是「和孩子合作」了，這樣換來的，將會是「敵對的親子關係」而已。

優幼著重的兩個面向：優質的幼年經驗、共好的親子關係。這是孩子性格的根基，當這兩個面向都是完整的、圓滿的，孩子自然不需要「用武器」，而親子關係也能走向合作的模式。

試著想像一個畫面：「父母對孩子擁有充足的影響力，而孩子對父母也相當重視和在乎，面對人生的所有挑戰，親子都能很眞實地對談，並尋求共識，然後一起合作面對挑戰……」這樣的親子、家庭與人生，不是很棒嗎？

當然，這個畫面不會從天而降，尤其如果我們的童年經驗，並不是優質與和諧的，那我們就會需要用更多的學習、領會、實踐、討論、修正，來調育與療癒自己，雖然過程看似很辛苦，但若能邁向「合作的親子關係」，將是我們和孩子一輩子最大的禮物。

與其要針對孩子的一百種行爲，去尋找一百種對應的方法，不如先改變自己對於「爲人父母的認知」，和我們一起合夥協力，建構「共好的親子關係」吧。

孩子打爸媽，該怎麼辦？

「如果孩子稍有不順心就會打爸媽，該怎麼辦？」不少家長問過我這類的問題。

我回想到我們家粉圓三歲時，也曾經有一段歲月，會對媽媽拳打腳踢的畫面。某天回家的路上，我問粉圓還記不記得他曾經打過媽媽？他說他記得，但已經記不得爲什麼後來沒有再對媽媽拳腳相向了。那年，是我們開始實踐「優幼教養」的第一年，也是我捨棄過往虎爸、鷹爸式教養的第一年，同時也是媽媽辭去教職，投入親子團擔任導師的第一年。

我們家的每一個人，在那一年都有了很大的變化。多年過去再回首，我們改變的方向是對的，因爲讓我們一家四口的關係更好了，的確可以提供還在困境中的家庭一些參考。但由於每個家庭的背景不同，因此我也將結合這幾年帶領優幼親子團、父母學堂和展賦自學團的經驗，期待能夠對於「孩子打爸媽」的家庭產生幫助。

一、關閉污染源

孩子多數的行爲，來自於生活經驗的模仿，如果孩子經常接觸的人當中，有人會對孩子拳打腳踢（包含爸媽、長輩、親戚、老師、同儕、手足……），那麼孩子會產生打人的行爲，就是可以理解的。

因此第一步，必須先「關閉污染源」。如果是主要照顧者，就必須先停止對孩子打、罵、威脅、恐嚇、處罰和獎賞。別說不可能，因爲我自己就是這樣過來的，過去的我，可也是打、罵、威脅、恐嚇、處罰和獎賞的佼佼者呢，但孩子的狀況只會愈來愈多、親子衝突只會愈演愈烈。後來實踐的優幼教養，強調「父母以溫和而堅定的態度，陪伴孩子面對自然或合理的結果」，從此孩子狀況減少了，親子之間不再有衝突，何樂而不爲呢？

只是關閉污染源後，會有兩個關卡需要度過：第一關是自己很容易「不小心」重燃戰火（但其實是爲了彰顯自己的地位和價值），又用回老招去了；第二關則是孩子的反撲，我們稱之爲「排毒期」，孩子會用當時我們對他的方式，反將一軍來對待爸媽。當時的粉圓有很多對媽媽的動作，其實是源自於我過往對他的方式。

二、判斷孩子的行為目的，調整父母的回應方式

阿德勒認爲，不需要去追究行爲的原因（爲什麼），而是要了解行爲的目的（爲了什麼），掌握行爲的目的後，才有改變和解決的可能。以孩子打爸媽這項行爲來看，有可能是落入前三個錯誤目的：（一）吸引過度關注、（二）權力鬥爭、（三）破壞報復。家長可以改變回應的方式後，觀察孩子的反應，來了解孩子目前所處的行爲目的是什麼。

（一）吸引過度關注：

如果孩子打爸媽是爲了吸引過度關注，代表無論爸媽再忙、再沒空，只要孩子打爸媽了，爸媽都會停下手上的工作，全神貫注地和孩子互動，無論是抓住孩子的手、或是對孩子說一番大道理，孩子因爲打爸媽可以得到關注，因此當孩子需要關注、而爸媽又沒有覺察時，孩子就會去打爸媽。

要怎麼確認孩子是不是落入這項錯誤目的？就是當孩子打爸媽時，不要有任何反應，繼續做自己該做的事；同時在孩子沒有打爸媽，或是行爲良好乖巧時，主動給予關注。而孩子會再嘗試打爸媽幾次，發現都不會得到任何回應時，自然就會選擇別的行爲來得到關注，也

就不會再打爸媽。

如果孩子的行爲目的是這一項，那麼只要爸媽懂得對孩子正向行爲給予關注，孩子就會大量展現正向行爲了。但如果爸媽不理孩子，孩子反而打得更大力、或是夾雜著哭喊尖叫等戲劇元素，那麼孩子的行爲目的就不是這一項了。

(二) 權力鬥爭：

很多孩子在生活層面沒有作主的權力，凡是食衣住行育樂都由爸媽安排規畫。當孩子第一次說「我不要」的時候，就代表孩子的心理也開始成長，需要爸媽即時賦權給孩子，並且陪伴孩子練習提升能力。

如果爸媽沒有覺察到這一點，依然用自己身爲爸媽的威權打壓著孩子，那麼孩子就很有可能會採取一哭、二鬧、三耍賴、四打人的方式，取得自己的權力與地位。當孩子打爸媽，而爸媽也用打、罵、處罰來回應孩子時，就會讓權力鬥爭變本加厲，孩子是最不會認輸的物種了，因此打爸媽的行爲只會日趨嚴重。

要怎麼確認孩子是不是落入這項錯誤目的？就是當孩子打爸媽時，輕輕握著孩子的手，溫和但堅定地看著孩子，告訴孩子：「你可以生氣，但你不可以打我，如果你決定不打我，我就會把手放開；如果你再打我，我就會再握住你的手。」

只要孩子說「我不會打你」或是用任何肢體語言表示不會再打爸媽時，爸媽就要把手放開；當然孩子會再測試第二次、第三次，爸媽不能動氣，因爲生氣只是火上加油而已，一樣重覆前面的話和動作，直到孩子不再打爸媽爲止。這很需要耐心與堅持，在我們溫和而堅定的話語當中，將「有限的選擇權」交還給孩子，孩子可以選擇要不要打人，打人的合理結果是手被握住，不打人就不會被握住，選擇權在孩子身上。

如果孩子的行爲目的是這一項，在生活的其他層面，爸媽也要盡快和孩子討論，將孩子可以自己做到的事項交還給孩子，千萬不要幫孩子做他可以做到的事情。但如果孩子不打爸媽，而是開始踢爸媽、或要拿東西丟爸媽，那麼孩子的行爲目的就不是這一項了。

(三) 破壞報復：

走到第三項錯誤目的的孩子是很辛苦的（當然爸媽也是），但解鈴還需繫鈴人。並不是爸媽做錯了，也不是爸媽做得不好，而是親子之間長期存在著太多的誤解與衝突，讓孩子必須採取破壞報復的行爲來得到他的地位。

如果孩子打爸媽的行爲目的是這一項，那麼爸媽在當下想哭就哭吧，想叫就叫吧，自在地宣洩自己的委屈和痛苦。若是孩子可以跟著一起哭、一起叫，那就太棒了。這樣的孩子需要的是大量「無條件的愛」，無時無刻都需要給予孩子正向的鼓勵和回饋，因爲此時的孩子，失去了悅納自己的能力，認定自己是個壞小孩，因此壞就壞到底，打爸媽、打手足、打同儕、打長輩……都是小菜一碟的行爲。

爸媽若還用老招式打、罵、威脅、恐嚇、處罰孩子，只是讓孩子證明他認爲自己很壞是對的呀。

三、改變家庭氣氛

我們認爲家庭要創造的是「橫向的互助網」，但多數華人家庭關係，仍是傳統「縱向的食物鏈」。

在食物鏈當中，有人位於頂端，就會有人位於底層。有的家庭是媽媽當家，食物鏈的順序是媽媽→孩子→寵物→爸爸；也有相反的是爸爸作主，而媽媽就落到食物鏈的底層；我也遇過有家庭是爺爺奶奶說了算，爸爸不管事，而爺爺奶奶會在孩子面前數落媽媽的不是，自然而然媽媽在孩子的眼中，就成了可以霸凌的對象。

家庭氣氛一定要做改變，我建議夫妻要立即安排兩人的家庭會議，聊聊彼此的童年經驗，談談彼此的教養和教育價值觀，然後求同存異，在相同的地方合作、在不同的地方分工。接著再和孩子召開全家的家庭會議，由被打的一方，以「我訊息」：孩子的行爲（你打我）→造成的影響（讓我很痛）→父母的感受（我覺得很難過，因為我很愛你，我不希望被我愛的人打）。讓孩子了解，並且尋求解決方法。

當年綠豆和粉圓提出的解決方法，是買不倒翁讓他們打、做抱枕讓他們捏、設置冷靜角讓他們冷靜。我印象很深刻，不倒翁買回來的第一天，就被孩子打破了。

本章重點

＊孩子的人際議題，並不是上學後才發生的，而是打從孩子一出生，身邊的主要照顧者——尤其是父母——就成為孩子所經歷的第一段人際關係。

＊每天把和孩子相處互動的模式記錄下來，藉由記錄時的自我覺察，父母可以很清楚地看到孩子和自己在上演的戲碼。

＊阿德勒認為，不需要去追究行為的原因（為什麼），而是要了解行為的目的（為了什麼），掌握行為的目的後，才有改變和解決的可能。

綠豆粉圓爸遇見阿德勒的第7堂課

溫和而堅定的態度

教養只有溫柔是不夠的

就我們長期推動優幼教養模式的經驗，可以確定溫柔的教養是很好的，但教養「只有」溫柔是不夠的，因爲它只做到了教養的一半而已。如果父母選擇只做這一半的溫柔教養，極有可能在不久的將來，面臨孩子予取予求、頤指氣使、爬到父母頭上的狀況；也很有可能造成凡事要求父母幫忙，無法承擔責任，無法獨立處事的後果。

如果父母選擇只做這一半的溫柔教養，而且還是「心情好的時候溫柔，心情不好的時候不溫柔」，這不但連一半都沒做到，還會引發親子之間長期的衝突與對立，「逼」得孩子經常性地做一些讓父母生氣、難堪的事情。

有個情境讓我印象深刻：

聽完音樂會的我們，在迴廊的漢堡店享用午餐，此時我後方傳來了小女孩的啜泣聲，接著聽到男生（應是爸爸）的聲音說：「五分鐘後再喝。」

接著，小女孩從啜泣，漸漸變成哭聲（文字實不易表達音量大小，就是漸強的意思），爸爸仍然說著：「五分鐘後再喝。」（我很好奇到底什麼飲料需要等五分鐘？）

再來，小女孩從哭聲，直接變成嚎啕大哭，我回頭瞄了一下，小女孩自己坐在爸爸和媽媽中間的椅子上，此時爸爸媽媽都沒有語言的回應。

然後，小女孩從嚎啕大哭，再加上嘶喊的尖叫，許多桌的客人都轉頭望向那個家庭，此時媽媽將小女孩抱到自己身上。

傳來爸爸的聲音：「只喝一口喔。」接著片刻的安靜，我們繼續吃著手上的漢堡。

沒多久，小女孩直接從嚎啕大哭加嘶喊的尖叫開始，每次的尖叫聲都讓我的心糾結一次。

傳來爸爸的聲音：「不是說只喝一口嗎？」（到底什麼飲料只能喝一口？）

小女孩沒有停止嚎啕大哭加嘶喊的尖叫。

傳來爸爸的聲音：「妳再哭，我打妳喔。」

小女孩沒有停止嚎啕大哭加嘶喊的尖叫。

爸爸說：「我打妳喔。」總共三次。

小女孩沒有停止嚎啕大哭加嘶喊的尖叫。

後來小女孩的哭聲停止了，我好奇地再回頭瞄一眼，小女孩手上握著一罐我很好奇的飲料在喝著。

合理清楚的界線，堅定溫和的態度

這位爸爸一開始是「很溫柔地」跟孩子說：「五分鐘後再喝。」就大人的理想，孩子這時候應該要很知所進退、懂得分寸呀，但爲什麼孩子卻愈哭愈大聲呢？究竟發生了什麼事，造成許多親子因爲一件小事，最後總是以不愉快的衝突結尾？

爸爸自己在喝飲料，卻不給孩子喝，這就是在身教示範上出了狀況；而要求孩子喝飲料的時間和分量，就跟《你管他折不折棉被幹嘛？》這本書說的一樣，不但沒有給孩子正向的關注，反而是給了無謂的限制與規定。在教養的過程中，如果眞的「有必要」給予限制與規定（例如：紅燈不能過馬路，就是很必要的限制與規定），父母就要採取「堅定的態度」，例子中的限制（五分鐘後再喝）與規定（只能喝一口）都是沒什麼必要的。

而且，爸爸是一退再退（這樣的互動模式一定經常發生），從五分鐘後再喝，到只能喝一口，然後孩子一直喝就用口頭威脅，最後孩子用大哭反擊，爸爸就乖乖就範讓孩子暢飲了。如果你是孩子，下回有類似的狀況，你哭還是不哭？

身爲父母的我們，要先明確地知道自己教養的「界線」是什麼，並且不斷思考這些界線「合理不合理」，是爲了孩子的安全、健康、成長的因素？還是只是爲了「控制」孩子？界線愈少愈好、愈清楚明瞭愈好。確定了之後，遇到孩子踩線的行爲，就以「溫和而堅定的態度」去執行即可。不用凶，不用念，只要以溫柔平靜的口氣與表情，同時搭配堅定的行爲制止就可以，長期與孩子互動下來，孩子很清楚父母的界線，也就不需要採取一哭二鬧三要賴的手段；而父母也因爲與孩子之間的默契，不需要變成噴火龍，而愈來愈優雅。

你清楚自己的教養界線嗎？

只要是人，無論是大人還是孩子，都希望被對方眞實地對待；但偏偏只要是人，無論是大人還是孩子，似乎都有說謊的本能。有人說，謊言分成善意與惡意，這個說法放在人際關係中，或許有其效益；然而如果放在親子教養當中，則會產生很大的反效果。尤其對於學齡前的孩子，他們正從最親密的父母身上，觀察、學習、模仿、猜測，那些存在於父母的言行舉止當中的價值觀。如果我們希望傳遞給孩子「眞實的價值觀」，就必須身體力行，不只用說的，不只用教的，更必須以親身示範什麼是言行一致、什麼是言出必行、什麼是表裡如一。

正如臺灣的社會從威權往民主改變，我們這一代父母，多數的童年也是處於威權的教養，而如今有了孩子之後，或許是從教養書籍、演講、親朋好友間、或是自己的覺察，知道再將威權教養套用在民主時代出生的孩子身上，只會造成反效果。於是很多父母想要改變，想要學習民主的教養模式：「自由與承擔責任、平等與互相尊重」的和諧親子關係。

然而，我們常常誤解了民主的教養模式，以爲放手不管就是自由；以爲忍氣吞聲就是尊重。甚至爲了睜一隻眼、閉一隻眼，父母選擇了口是心非，明明心裡在意到不行，卻要告訴孩子：「去做呀，沒關係。」

孩子是很敏銳的觀察者，但他們卻因爲生活經驗的限制，不太容易解讀和搞懂他們的觀察。他們覺察到了，父母說的、跟他們心裡想的不一樣；他們不自覺地想搞清楚，究竟哪個才是眞實的？於是孩子開始逾矩、開始放縱……直到父母終於受不了、忍不住了，然後大爆炸。

孩子得到了解答：「原來父母是騙我的！嘴巴說可以，但明明就不行！」

有的孩子，很害怕父母的情緒爆炸，所以可能暫時停止了逾矩放縱的行爲；也有的孩子，不自覺地想要再證明、再嘗試，說不定下一次就「眞的可以」了，畢竟父母是說可以的……一次一次的交手過招，並不會增加親子之間的愛，而是耗損了彼此的信任。

有的父母疑惑了：「所以我不能放手囉？所以我不需要忍耐囉？」似乎他們在等待一個人，給予他們控制孩子的權力，給予他們放肆情緒的命令。

不得不談到我們這一代父母所受的教育，永遠在尋找一個「標準答案」，永遠在對與錯當中找極端。好像只有管與不管、放手與不放手、忍耐與不忍耐、生氣與不生氣……這種二分法的選擇。對於「自由與承擔責任、平等與互相尊重」這種中庸、平衡、因人而異的觀念，雖然很想接受，卻打從心裡產生排斥。因此父母第一步要做的，並不是試圖去粉飾太平，而是眞實地面對自己、面對配偶、面對孩子，坦誠地思考，對於教養，你們的「界線」在哪裡？

養孩子不是帶新兵

拿張紙、拿枝筆，把你的「界線」寫下來。

有可能包含：飯要吃乾淨、不可以挑食、吃飯要坐好、看到長輩要問好、不可以吃糖、飯前不可以吃零食、不可以看電視、不可以打電動、睡覺要三秒入眠、父母說的永遠是對的、一個口令一個動作……在寫的過程中，父母可能自己都覺得太誇張、太好笑，但事實上，這些界線無時無刻都在親子相處的關鍵時刻竄出來，然後讓父母火冒三丈、讓孩子傷痕累累。

寫出界線後，就可以進一步地思考這些界線「合理不合理」，是爲了孩子的安全、健康、成長的因素？還是潛意識當中爲了「控制」孩子？爲了要孩子照著父母的「期望」，長成父母「想像」的樣貌？

把那些不合理的界線刪除吧，像「一個口令一個動作」，父母是在教養孩子、是在建立

一輩子的親子關係，又不是在帶新兵（這是我自己第一個刪除的界線）。剩下的界線，明確地和孩子談，聽聽孩子的想法，然後試著找到親子雙方都可以接受的平衡點。接著去執行，過程中只要有任何一方感到不舒服，都可以提出再做討論與修正。

有的界線，父母現階段還無法調整的，也明白地讓孩子知道，讓親子先把焦點放在可以合作協力的地方，然後隨著合作經驗的累積，很有可能，父母會發現，原本自己很堅持、很在意的事情，其實孩子也存在著自制的能力，根本不需要父母的控管或叨念了。

如此開誠布公的親子互動方式，對很多家庭來說是很新鮮的事，但它的好處多多，包括整個家庭可以變成一個團隊，親子關係從對立猜忌變成合作協力，親子雙方都不需隱瞞、不用說謊，更不用口是心非，孩子不再需要花心力在猜測父母真實的想法，也不需要和父母進行權力爭奪。

當孩子讓你生氣、當你想要嘮叨、當你覺得和孩子相處是負擔而不是甜蜜時，先確定自己清不清楚自己的「界線」。

有常規的民主教養

社會從威權走向民主，人民擁有愈來愈多的權力；家庭也從威權走向民主，媽媽、爸爸和孩子也各自擁有愈來愈多的權力。在權力增加的同時，如何也讓責任相對應地增加，而不是有權無責、或是有責無權，是從社會延伸到家庭的共同課題。

許多父母不願意重蹈兒時的教養經驗，希望朝向民主的教養模式邁進，卻一不小心從贏家的父母類型，轉變成爲輸家的父母類型，反而教養出「威權的孩子」。展賦的優幼教養鼓勵父母從「我好、你也好」的共好角度，和孩子成爲合夥人，目標是讓彼此的生活更幸福。

從「共好的親子關係」做爲出發點，那麼「常規」就成爲雙方很重要的依據了。我所談的常規，是爲了讓「團體生活更加順暢而發展的模式」，但一般家庭則容易淪爲「爸媽說了算，並且會因爸媽的心情而改變的規定」。

建立常規的五個階段

常規大致上可以分爲五個階段，我們的經驗必須「依序建立與執行」，無法跳躍式地建立。

一、**時間常規**：孩子必須很清楚什麼時間做什麼事，也很清楚星期幾會有什麼事情發生，並且自己願意遵守時間常規。

二、**地點常規**：孩子必須很清楚什麼地點做什麼事，並且自己願意遵守地點常規。

三、**物品常規**：孩子必須很清楚不同物品的設計原意，以正確的方式使用，並且能夠擁有自己的物品所有權、以及被尊重物品所有權的經驗。

四、**事情常規**：在某些事情上（例如：料理、科學）必須依照事情的步驟進行，孩子必須在一次次的自然結果後，領略事情常規的道理；但部分事情則無一定步驟，因此在創意與步驟之間的分野，就需要大量的經驗累積。

五、**人的常規**：孩子必須練習分辨面對同一人，但在對方身分不同時，需要以不同的互動方式來相處，例如：我和文伶老師（綠豆粉圓媽），是綠豆、粉圓的爸媽，因此孩子在家裡和在自學團，與我們的互動方式會有不同。

時間，是完全無法被控制和改變的，只能管理自己的步調和速度，因此時間是首要的常規，這也是爲什麼大部分孩子的親師生會議，都是先從生活作息（時間）談起，這關沒過，基本上很難往後進行。

接著是地點常規，則需要家長共同協力與配合，例如：捷運、手扶梯、走在馬路上、出入口……都會有各個地點的安全相關規則，要請家長和我們一起同步帶孩子遵守，避免孩子混淆。

而物品常規則需要建立孩子的「個人空間」，也要區分「公用空間」和爸媽的「私人空間」，如果有手足，則手足也要有各自的空間。如果順利進展到這裡，那麼事情常規和人的常規，就可以在團體生活當中逐漸累積了；如果過程不順利，也就代表家庭需要重新思考孩子的時間、地點、物品的常規是否順利運作？還是仍然依照大人的心情或說法呢？

對了，如果父母給孩子很多「規定」，也就是不見得符合孩子發展和需求，純粹只是父母的要求時，孩子也會不容易遵守常規，因爲他會誤以爲常規是「另一種規定」，因此想要刻意違背。

常規和規定有什麼不同？

簡單來說，「常規」是經由雙方（或多方）討論並且同意，沒有一方覺得不公平或被剝奪，目的是讓彼此更好的約定。而「規定」則是由其中一方提出，要求對方遵守，目的爲了滿足自己的需求，甚至必須犧牲對方的權益。

有家長問我：「可是我想要有自己的時間，不希望孩子來打擾，是爲了滿足自己的需求，這樣不就是『規定』了嗎？」

的確如家長所說，有很多狀況是爲了滿足自己的需求，因此重點在於，孩子有沒有覺得「犧牲權益」？如果「親子心理存款」足夠，父母對孩子有影響力、孩子對父母有在乎感，同時父母願意滿足孩子的需求，自然而然孩子就會願意滿足父母的需求了。

換個角度來說，常規就像跳雙人舞，一人腳步向前，另一人腳步就往後，彼此協調；而規定就像拔河，目的是要拉動對方、取得單方的勝利。

常規和界線有什麼不同？

在常規的建立與執行上，需要親子多方（父、母、孩子、甚至同住的親戚）運用「智慧」進行溝通和討論。但溝通和討論的前提，是彼此都「願意改變」。有的父母對某些議題內心早有定見，和孩子互動只是爲了說服孩子，自己沒有要做任何的退讓。若是這樣的狀況，這些議題就是家庭的「界線」，不行就是不行，千萬不要假借溝通之名，行說服之實，這樣是很傷害親子信任的。當然如果家庭的界線太多，很容易讓孩子認爲父母握有的權力比較大，進而引發權力鬥爭喔，因此家長對於「界線」的設定，還是要有謹愼的思考。

我們家最後的界線就是「安全」，只要沒有安全顧慮，都可以讓孩子嘗試，然後陪伴孩子面對行爲的自然結果、或是規畫合理結果讓孩子承擔。

生活處處是常規，紅燈停、綠燈行、單行道不能逆向、開車維持限速、火車和捷運月臺站在停等線後方、搭捷運先下後上、搭手扶梯緊握扶手，站穩踏階……如果孩子沒有從家庭開始建立常規，就會無限擴張自己的權力和欲望，養成「只要我喜歡，有什麼不可以」的價值觀；或是覺得團體社會在限制他，而養成「爲反對而反對」的信念。

從家庭開始建立常規，不僅僅讓親子邁向「我好、你也好」的共好關係，更重要的是孩子在個體邁向社會的過程中，能夠從在意自己「得到」什麼，成爲自己可以「貢獻」什麼。

從親子時間表，建立孩子的時間常規

時間常規，是建立常規的第一步，愈早建立愈好，從孩子出生之後，就要從孩子的反應和需求，同時納入自己的作息考量，建立親子的時間常規。

嬰兒時期的飲食方面，我們並不建議由父母單方面決定孩子的食量和時間，因爲每個孩子都不同。然而「定時定量」卻是可以建立的時間常規，這就需要「讓孩子教我們如何教他」了。我在當全職奶爸的初期，還做了一張紀錄表，逐步地了解孩子的食量和時間，就可以讓孩子不需要用哭的來表達肚子餓了。

而睡眠的作息，也是很大的挑戰，基本原則要善用「自然光線」，天亮了就把窗簾打開，睡覺時就把燈關暗，然後讓孩子在白天有足夠的活動，晚上則在和緩的氣氛下全家入睡。嬰兒半夜哭醒，要先理解哭聲的含意，協助孩子解決生理的需求，過程中燈光不要開太亮，只要不會把尿布包反的亮度即可。

兩歲以前的時間常規，大概就是分成早上、下午、晚上三個時段。隨著孩子愈大，活動範圍和友伴關係增加之後，生活的面向也需要被打開，因此「兼顧孩子和父母需求的親子時間表」，就會列爲家庭會議的必要議程，而時間表的分界也會愈來愈細，但原則上仍以一小時做爲最小單位即可，不需要分到太細。

為什麼需要親子時間表？

對孩子來說，時間是一項相當模糊的概念，幾乎所有孩子都跟我說過：「好玩的時間，一小時像一分鐘一樣；無聊的時間，一分鐘卻像一小時一樣。」

同時，孩子對於「無法預知的未來」是緊張和擔心的，很怕有了這一餐、沒有下一頓。像孩子和朋友玩得很愉快，如果孩子明確知道下次什麼時候會再和朋友玩（當然也要做到），孩子就會安心地和朋友分開；但如果孩子長期都不知道再來的時間安排，孩子往往就會拖延、拉扯、不想離開。

沒有親子時間表，孩子在做任何事之前，都要詢問父母；而父母希望孩子做任何事之前，也要一再告知孩子。過程當中，很容易就擦槍走火，引發衝突。有了親子時間表，加上時鐘和計時器的輔助，孩子可以清楚知道接下來該做什麼、不該做什麼，父母也只要在時間到之前五分鐘提醒孩子一次，整體的家庭生活就會更加順暢。

先寫個別的時間表，再求同存異，合併成親子時間表

既然是「親子時間表」，著重的就是「親子相處」的時間，如果是全職爸媽，就會像我一樣，是全天從早到晚的；如果是上班族爸媽，時間表就會是晚上或假日。

第一步，父母先寫下自己的時間表，並且將自己的需求寫進時間表當中。

第二步，協助孩子完成孩子的時間表，孩子可以用畫的，父母用文字簡單摘記。

第三步，拿出雙方（或多方）的時間表，先找出共同的時間列入親子時間表，針對不同的時間或需求，進行討論。

像我自己有放鬆的需求（帶小孩很累的），原本安排在下午，但和孩子討論後，就挪到晚上九點之後，而孩子因爲了解我是因爲他而改變時間表，對於九點入睡，讓我有個人時間，也就更願意做到。

常見Q&A

以下列出部分家長對於親子時間表的疑問：

Q：有時間表不會很有壓力嗎？

A：一開始我對於親子時間表也是排斥的，回想原因，不外乎和過往的教育經驗有關，總覺得時間被分割、被安排，然後日復一日、年復一年，的確很有壓力。但在執行了兩三週之後，反而感受到親子之間的壓力變小了，因爲親子時間表滿足了孩子的需求，也讓我可以擁有個人時間，很多時候甚至不需要我提醒，孩子自己會去覺察時間（或用計時器輔助），時間到了自己收玩具、自己準備吃飯，也因爲如此，我就一路執行時間表至今。

Q：需要有書面的時間表嗎？

A：剛開始執行親子時間表時，我會建議用一張海報紙、或是一個小白板，簡單繪製表格後，讓孩子畫內容，家長一樣用文字摘記在旁邊。然後每一週可以再討論運作的狀況，即時進行調整，然後再運作一個星期。等到雙方都很熟悉親子時間表之後，就不太需要書面的時間表了。

Q：照表操課不會抹煞孩子的創造力嗎？

A：「照表」不會抹煞孩子的創造力，甚至因為有時間表，孩子會更安心地拓展自己的舒適圈。但「操課」兩字就要留意了，一方面親子時間表是雙方共同討論出來的，所以不用操；另一方面內容是兼顧親子雙方的需求，所以也不算課。因此親子時間表並不會抹煞孩子的創造力。

Q：孩子不會看不懂時間表嗎？

A：當然會呀，所以需要「視覺輔助」，像是可以將親子時間表貼在冰箱上，然後製作爸爸、媽媽和孩子的「小頭照磁鐵」，時間走到哪裡，就可以把磁鐵移到哪裡，這樣孩子就可以清楚自己現在的時間位置。另外，孩子對於數字時鐘的理解，也會比指針式時鐘來得快，因此也可以先使用數字時鐘，或是在時間表旁放一只數字時鐘的手錶。

從玩具角，建立孩子的地點和物品常規

孩子有玩耍嬉鬧的天性，我們都可以理解；都市生活的限制很多，我們也都感同身受。然而愈來愈多的孩子，在圖書館裡尖叫、在餐廳裡遊戲、在賣場裡推著手推車奔跑、在手扶梯上跳躍、在捷運上把扶杆當成鋼管、在火車上把座椅當成彈簧床、或是在一○一門口隨地大小便……

贏家類型的父母，用責罵、威脅、恐嚇，要求孩子不要再這麼做，但效力往往不到三分鐘，孩子總能換個方式繼續爲之。輸家類型的父母，假裝看不到孩子的行爲，或是反而認同孩子的行爲，又或是低聲拜託孩子不要再這麼做。但孩子把父母的話當耳邊風，甚至覺得父母憑什麼管我，無限擴張自己的權力範圍。而騎牆派類型的父母，不是看自己的心情，就是看別人的臉色，如果覺得孩子的行爲影響到自己的面子，就會展現贏家類型的方式；如果心情還不錯，就會採用輸家類型的方式。

長期下來，我們就會發現各個年齡層，在不同的地點，展現出各種的脫序行爲，不但影響自己的安全，也讓周遭的人陷在危險當中。就像昨晚在賣場，我就差一點被一臺狂奔的手推車撞到，而操控手推車的孩子，看起來已經是小學高年級了。孩子不知道在賣場奔跑的危險性嗎？有可能不知道，但也有更多的孩子，是知道卻刻意爲之。

因此，在時間常規落實之後，我們就可以陪伴孩子建立地點常規，愈早建立愈輕鬆。

「什麼地點，做什麼事」，看似簡單的概念，卻需要由大人以身教、從小示範給孩子看。從居家生活開始，客廳、餐廳、臥室、廁所，是家庭基本的配置，因此從孩子能夠坐之後，就可以落實地點常規，像是：看電視就到客廳、吃飯就到餐廳、睡覺就到臥室、尿尿大便就到廁所……然而我們也發現，有不少孩子從小就在客廳吃飯、在客廳睡覺、在臥室看電視、然後隨時隨地都能大小便（可能有包尿布，也可能沒有）。

接著父母就會感覺困擾，詢問我們：「爲什麼孩子邊走邊吃？」、「爲什麼孩子在臥室裡不好好睡覺？」、「爲什麼玩具丟得滿地都是？」一個行爲、一個行爲地去解決，只能治標不能治本，不如回過頭來，重新建立地點常規，讓孩子的生活更順暢，讓親子的關係更美好。

很容易被忽略的玩具角

除了依照家庭的客廳、餐廳、臥室、廁所配置，規畫每一個區域該做的事之外，對孩子來說最重要的，就是「玩具角的建置」。

如果家裡有空房，可以將孩子的玩具放進房內，做爲孩子的玩具房、遊戲間，玩玩具就在裡面、玩具不帶出來。如果家庭沒有空房，可以運用巧拼或地墊，區隔出一個空間做爲玩具角，讓孩子的玩具放在上面，要玩玩具就在這個空間裡，一樣玩具不帶出來。

我們家是運用客廳的角落鋪上巧拼，然後玩具櫃靠牆放置。如果有客人來，我們只要把巧拼收起來就好。

玩具角是孩子的空間，由孩子負責

「做自己的主人，為自己負責」，是教養當中最重要的環節。設置玩具角之後，孩子也就擁有了他「個人專屬的空間」，孩子可以決定要怎麼布置、怎麼規畫，父母在進入玩具角之前，也要以相互尊重的角度，詢問過孩子（或經由家庭會議討論，父母可以隨時進出）。

而父母通常最擔心、也實際會發生的，就是孩子的玩具角一團亂。每個家庭對於整潔的標準不同，因此可以列入家庭的界線讓孩子清楚知道。我們的建議是，孩子的玩具角要整齊還是混亂，是由孩子自己決定的；但同時，父母也可以決定自己是否要進到孩子的玩具角內。如果孩子想邀請父母一起玩，需要完成怎麼樣的收拾，是父母可以向孩子示範說明的。另外，當孩子會邀朋友來家裡、或是有親朋好友要來作客時，玩具角也要進行整理。

常見玩具角Q＆A

Q：孩子把玩具帶出玩具角，怎麼辦？

A：只要溫和而堅定地用言語搭配行動，邊告訴孩子玩玩具要回到玩具角，邊輕扶著孩子的身體往玩具角移動。

Q：孩子的玩具如果在玩具角以外的地點，怎麼辦？

A：事先和孩子討論出合理結果，例如：父母會提醒孩子一次，如果孩子不願收拾，則父母會放在某一處孩子「可以」拿得到的地方，類似失物招領的概念。千萬不要威脅孩子要把玩具丟掉，這樣會引發權力鬥爭、以及孩子對於物權、金錢的權力欲望。也不要把玩具放在孩子拿不到的地方，這就是處罰啦，而且多數的孩子，會想辦法去拿，反而容易發生危險。

Q：玩具角可以設在臥室嗎？

A：我們建議臥室盡量單純，不要有玩具，也不要有電視。如果沒有其他空間（像我們家也曾住在一間七坪的套房），則可以用門簾、櫃子等做爲睡覺和遊戲空間的區隔。盡量讓空間的區隔明顯，我們家用巧拼，就是因爲有顏色，可以很明確地分辨區域。

和孩子討論公共空間的常規

從小我們到公園、動物園、植物園，甚至是便利商店，我們都會帶孩子先看它的公告事項。像是不能烤肉、不能帶寵物、不能騎腳踏車、不能生火、不能攀折花木……因爲它已經是公告了，所以除了遵守之外，更重要的是和孩子討論爲什麼要有這些規定事項？以及爲什麼我們要遵守這些規定事項？（討論時間不要太長）

並不是因爲怕被處罰，而是要帶著孩子，從「我好、你也好」的角度去思考這些規定的存在必要性。如果討論之後，有覺得不合理的規定，也可以帶著孩子透過管道來申訴和爭取。

遵守常規後，要給予孩子需求的滿足

回到第一句話：「孩子有玩耍嬉鬧的天性，我們都可以理解；都市生活的限制很多，我們也都感同身受」，但這不能做爲放縱孩子在公共空間爲所欲爲的理由。「平等且相互尊重」的概念，正是當孩子願意遵守公共空間的常規（多數是大人的需求）之後，我們才能夠給予孩子需求的滿足。

我們在帶領展賦優幼團和自學團的行動學習初期，很多孩子已經習慣在捷運站跑跳、在捷運上遊戲。因此除了事先與孩子說明搭乘捷運的常規之外，也約定了合理結果：老師會提醒一次，第二次就會需要停下來調整，第三次就需要暫停下次的行動學習。行爲的選擇和決定權其實都在孩子身上，孩子也藉由合理結果爲自己的行爲負起責任。

在乘坐了三、四十分鐘的捷運後，我們的第一個安排，一定是一處大草坪、或是有遊樂設施的公園，讓孩子可以在適合的地點，滿足玩耍嬉鬧的天性。許多人驚訝展賦的孩子「能動能靜、能收能放」，其實就是在每次「平等且相互尊重」的情境下累積的，孩子明瞭時間和地點的常規，又擁有許多作主的機會與權力，自然不需要「爲了反對而反對」。

但記得，給予孩子的是「內在需求」的滿足，不是給顆糖、玩個玩具這種外在需要喔。

本章重點

＊父母要明確地知道自己教養的「界線」是什麼，並且不斷思考這些界線「合理不合理」，是為了孩子的安全、健康、成長的因素？還是只是為了「控制」孩子？界線愈少愈好、愈清楚明瞭愈好。

＊開誠布公的親子互動方式好處多多，包括整個家庭可以變成一個團隊，親子關係從對立猜忌變成合作協力，親子雙方都不需隱瞞、不用說謊，更不用口是心非，孩子不再需要花心力猜測父母真實的想法，也不需要和父母進行權力爭奪。

＊生活處處是常規，如果孩子沒有從家庭開始建立常規，就會無限擴張自己的權力和欲望，養成「只要我喜歡，有什麼不可以」的價值觀；或是覺得團體社會在限制他，而養成「為反對而反對」的信念。

＊有了親子時間表，孩子可以清楚知道接下來該做什麼、不該做什麼，父母也只要在時間到之前五分鐘提醒孩子一次，整體的家庭生活就會更加順暢。

＊「什麼地點，做什麼事」，看似簡單的概念，卻需要由大人以身教、從小示範給孩子看。從居家生活開始，客廳、餐廳、臥室、廁所，是家庭基本的配置，因此從孩子能夠坐之後，就可以落實地點常規。

綠豆粉圓爸遇見阿德勒的第8堂課

自然或合理的結果

讓孩子從「行爲結果法」學會負責任

我曾經在臉書上記錄這件事：

> 粉圓今日被停學一天，對他來說是最嚴重的合理結果，因爲他實在太愛上學了，也由於他已經面對合理結果，父母就無需再落井下石，而是可以給予陪伴和支持。
>
> 從孩子的神情和可以做的事情，就可以很明顯地分辨。
>
> 粉圓過早進入團體，而個性精明的他，又加上我們是優幼部落的帶領者，因此當他的需求造成團體的困擾時，停學一天就是粉圓的優幼處方之一。而要執行停學，必須是在團體、家長、孩子三方面都準備好、且溝通好的情況下。也不建議別的家庭模仿這樣的處方，因爲我知道許多孩子巴不得不要上學……

這篇紀錄一出，許多認識粉圓的朋友們紛紛關切，怎麼會用「停學」這麼嚴重的「處罰」？其實，停學只是我們家的「合理結果」，而不是處罰。而且這個處方是由綠豆粉圓媽開出，然後由我陪伴粉圓面對與執行。

那麼「合理結果」和處罰有什麼不同呢？

切割父母的情緒與孩子的行為

首先我們必須先將「孩子的行爲」跟「自己的情緒」區隔切割開來，也就是孩子的任何行爲，「任何行爲」喔，都不該成爲父母生氣的「理由」，父母生氣的眞實理由通常只是想要藉由自己的怒氣，讓孩子不敢再做同樣的行爲罷了，但這樣的方法幾百年來都無效（不然我也不用寫文章了，只要父母生氣就天下太平啦）。

再來必須了解孩子的行爲，背後都有著連孩子也不知道的目的和動機。如果是不當的行爲，背後可能有四種錯誤目標：過度關注、權力鬥爭、破壞報復、無能放棄。

然後要了解何謂「不當的行爲」？這「不當行爲」不是父母說了算，而是必須看當下的「情境」是否符合，舉個極端的例子：在浴室洗澡脫光衣服是「符合情境的行爲」，在捷運列車上脫光衣服是「不符合情境的行爲」。孩子不符合情境的行爲，通常源自於背後的錯誤目標。

面對孩子不符合情境的行爲（請記住，孩子自己並不知道背後的目的），如果父母「動用處罰」，對孩子來說就是對立與威脅，就是父母「有條件的愛」的展現。不符合情境的行爲，就讓情境的自然結果或合理結果由孩子面對（父母視孩子年齡提供陪伴和協助的程度，但面對行爲結果的主角始終是孩子）。

處罰通常包含：父母的負面情緒或肢體動作、大量的口頭告誡和道德勸說、限制孩子的行動或行爲、和行爲造成的影響毫不相干的事。

從「自然結果」開始做起

許多父母在剛接觸「行爲結果法」時，會發揮創意設計好多的「合理結果」，但因爲沒有覺察自己和孩子正處於「權力鬥爭」的錯誤目標當中，反而激起了孩子更多的反抗與對立，造成合理結果完全無效。因此我建議大家在使用「行爲結果法」時，要先讓孩子從「自然結果」開始體驗，所謂的「自然結果」是會自然發生的，不需要父母的安排和設計。舉例來說，孩子不吃飯會肚子餓，這是自然結果；孩子晚上拖到十二點才睡，隔天起不來，這是自然結果。父母沒有安排和設計，也無需幫孩子承擔這個自然結果。

不過若是自然結果是我們無法承受的，例如：孩子衝到馬路上，自然結果是被車撞，但我們無法承受；或是自然結果會連帶影響到我們，例如：孩子晚上不睡，隔天起不來，但遲到會讓我們被扣薪水，此時就需要規畫「合理結果」，之所以合理，是因爲這個後果和前面的行爲有連結、有邏輯關係。

舉例來說，孩子飯吃得很慢，媽媽說等一下不准看電視，吃飯跟看電視是兩回事，沒有連結、也沒有邏輯關係，就變成處罰了。孩子飯吃得很慢，合理結果是媽媽不動聲色、不用言語地收走即可，過一會兒孩子喊肚子餓，可讓孩子面對自然結果：肚子餓。或是讓孩子面對合理結果：把剛才的飯菜拿出來加熱再吃。

自然結果可以讓它自然發生，而合理結果則可以在事前，利用家庭會議的時間或類似的平等對話互相討論，父母可以運用「我訊息」：孩子的行爲→造成的影響→父母的感覺。讓孩子了解在某些情境下的行爲，父母必須採取某些合理結果來因應。

執行合理結果時，父母是沒有負面情緒的，甚至必須同理孩子，並且陪伴孩子一起面對合理結果。最忌諱父母表面上藉由合理結果，但心裡卻是「你活該」、「要給你顏色瞧瞧」，這樣即使再有邏輯性，它都是父母報復孩子的手段，是處罰而不是合理結果喔。

獎勵，和處罰一樣有害

在《面對孩子的挑戰》讀書會中，講師和我們分享了一則故事：

有一群很愛打棒球的孩子，每天放學後都約在一塊空地一起打棒球。然而住在空地旁的老伯伯，卻感到很困擾，有時候是孩子們喧鬧的聲音讓他很難受，有時候棒球真的會飛來打破他的窗戶。老伯伯試過好好跟孩子們說、也試過很凶地趕走他們，但沒過幾天，孩子們又再次聚集到空地打棒球。於是老伯伯想到了一個方法……

一天下午，老伯伯走到正在打棒球的孩子們當中，跟孩子說：「以後只要你們來打棒球，我每個人給十元。」

孩子們一副不可置信的樣子，但老伯伯真的掏出錢來，給了每個孩子一人十元。

很快地，這個訊息傳開來，每天有愈來愈多人來打棒球，老伯伯也照例每個孩子給十元。

過了一陣子，老伯伯又召集了孩子們，跟孩子說：「從今天開始，只要你們來打棒球，我每個人給五元。」

孩子們哀鴻遍野，有的孩子大聲嚷嚷說：「那麼少！我不要再來打球了啦！」

隔天，人數銳減了一大半。

再過一陣子，老伯伯再次召集孩子，說：「從今天開始，你們來打棒球，我不給錢了。」

孩子們不甘心地要老伯伯別這麼做，但老伯伯很堅持，於是大部分的孩子生氣地說：「我再也不要來了啦！」

隔天，空地只來了零零星星兩三位孩子，但人數不足沒法成局。之後，也就眞的沒有人來打棒球了。

獎勵的背後是不平等

從故事中，你看到了什麼？

原本孩子因爲興趣而打棒球，從打棒球當中獲得成就和快樂。但當老伯伯運用「獎勵」之後，孩子的焦點便從打棒球，轉移到獎勵上頭，也就是來打棒球是爲了獎勵。當獎勵減少時，動機、樂趣、成就也就隨之減少。最後沒有獎勵，也就完全沒有動機、樂趣和成就了。

和許多朋友聊到孩子在幼兒園、在小學的狀況，絕大多數的朋友都會提到，老師採取集點、集章、集貼紙等的獎勵措施，試圖希望孩子表現出正向的行爲。如果你看懂了上面的故事，就應該可以了解我們對於如此措施在教育現場大量被採行的憂心和擔心了。

外在的獎勵，讓孩子爲了「獎勵」而努力，而不是爲了成爲更好的自己而努力。而「獎勵」往往是由「具有權力者（如老師）」來決定給誰、給多少，因此我們看到許多孩子學會討好、學會撒嬌，只爲了獲得「權力者」的青睞，給予獎勵。

也因爲「獎勵」由權力者決定，因此對於孩子而言，只要自己得不到獎勵，往往會遷怒在權力者身上，覺得不公平、覺得自己是受害者，甚至開始攻擊拿到獎勵的「對手」，勾心鬥角、爾虞我詐；也有的孩子，因爲得不到獎勵，而自我否定、自我放棄，認定自己是沒有價値的、是壞的。

「權力者」之所以醉心於如此外鑠的獎勵，也是因爲它太好用來「控制」底下的人了。也有的「權力者」說，既然沒有辦法處罰，那用獎勵不是很正向嗎？不是很正面嗎？卻忽略了背後的意涵，仍然是一種不平等、不對等、不尊重的角色對比。彷彿學生的生殺大權都掌握在自己手上，彷彿握有尚方寶劍一樣，彷彿自己是吹著魔笛的人。

孩子爲什麼要學習？因爲他對這個大千世界充滿好奇。

孩子為什麼要成長？因為他內心擁有強勁的成長動力。

孩子為什麼要進步？因為他有自信可以讓自己更好。

我們可以鼓勵孩子的努力；我們可以欣賞孩子的成果；我們可以為孩子喝采；我們可以給孩子一個大大的擁抱。如果採用獎勵，設立「最佳學習獎」、「最佳成長獎」、「最佳進步獎」，或許激發了大家的鬥志和戰鬥力。但當沒有了這些獎勵，孩子也就不學習、不成長、不進步了。

值得嗎？

本章重點

＊執行合理結果時，父母是沒有負面情緒的，甚至必須同理孩子，並且陪伴孩子一起面對。

＊獎勵背後的意涵仍然是一種不平等、不對等、不尊重的角色對比。彷彿孩子的生殺大權都掌握在權力者手上，彷彿握有尚方寶劍一樣，彷彿權力者是吹著魔笛的人。

綠豆粉圓爸遇見阿德勒的第9堂課

面對孩子的挑戰

情緒挑戰（一）

孩子哭了該不該抱？

「孩子哭的時候，我該不該抱孩子？」這個問題我應該有被問超過一百次了吧。

我認爲這個問題的關鍵，一直不在「該不該抱」這四個字，而是在於「孩子爲何而哭」？從孩子出生就當起全職奶爸的我，曾經給自己一個挑戰，就是要分辨孩子不同哭聲所代表的意義，是肚子餓了？尿布溼了？還是想要睡覺？後來接觸了展賦的優幼教養後，才知道當年我給自己的挑戰，誤打誤撞地符合了教養最核心的關鍵：「讓孩子教你如何教他」。

面對一個不會說話、沒有生存能力的新生兒，他唯一能夠發出訊號的方式，就是哭。父母在收到訊號（哭）後，就要開始「解碼」，試著判斷孩子的需求是什麼，然後提供孩子相對應的協助。

如果父母對新生兒採取的是兩種極端：

一、孩子哭了也不理，而是照著大人的時間表，時間到了吃、睡、換尿布，的確孩子有可能不哭了（因爲哭也沒有用）。但有更多後續的研究指出，這樣的漠視對於孩子的心理損傷相當大，孩子會打從心裡感受到不被關愛。

二、孩子一哭就抱，也不管孩子的需求是什麼。或許孩子只是想要換個姿勢、或許只是眼前的東西拿不到，需要「一點點的幫忙」，但大人不分青紅皂白就抱起來，然後試圖安撫孩子不要哭，長久下來，孩子一方面學習到哭聲可以換來大人的關注，另一方面自己探索環境的需求被忽略，所以就容易變得更愛哭。

兩種極端的育兒方式，隨著嬰兒邁向幼兒期（一歲半之後），挑戰會變得更大。父母如果沒有學習了解孩子的「語言」（包含口語、表情、肢體動作），就容易走向更極端：

一、更不理睬，甚至厭惡孩子的哭聲（很容易大聲斥責孩子不要哭）。

二、更過度地一哭就抱（所以孩子就「只」會用哭的方式）。

讓擁抱與快樂連結

我們還是建議父母，嬰兒期的哭，父母要判斷孩子當下的需求是什麼，然後盡快給予滿足。

而當一、兩歲的孩子哭的時候，不要急著反應（無論是斥責不要哭、還是馬上抱起來安撫），而是讓自己平靜地或蹲或坐（和孩子相同高度），先同理孩子的心情：「我看到、聽到你在哭，我覺得你很難過。」可以輕撫著孩子的背、或是輕輕地擁著孩子。

孩子再長大到三、四歲之後，就只要靜靜地坐在孩子身旁，什麼都不用說也不用做。一陣子後，可以問孩子：「有什麼我可以幫你的嗎？」不一定要急著轉移孩子的注意力，也不要急著壓抑孩子的情緒，聽聽看孩子怎麼說。

另外，也要留意自己，是不是很習慣用抱的方式來「控制」孩子？

和朋友聊天時，把孩子抱著；要顧家中另一個孩子時，把孩子抱著；急著到達目的地時，把孩子抱著；要孩子去做父母要求的事情時，把孩子抱著……然後一陣子之後，你一定會很困惑地問我：「爲什麼孩子一直要我抱？」

我想，你現在知道答案了。

最後，我還是很鼓勵大家，多和孩子「開心地擁抱」，讓擁抱和快樂相連結，而不是讓擁抱的連結，只存在於哭或難過的情境中。

情緒挑戰（二）

帶孩子出遊，孩子卻大發脾氣？

許多常帶孩子出遊、或是全職照顧孩子的父母，往往會陷入一個困境：「爲什麼我對孩子那麼好，他卻還要對我發脾氣？」父母直覺地感到挫敗，或是產生「是我對孩子太好，把他寵壞了嗎？」的想法。

就我們大量的觀察，許多父母帶孩子出遊的過程，因爲有大人自己時間的安排、或是情境的考量，反而讓孩子被限制的時間，多過於可以自由自在、盡情玩耍的時間。

「這個不行碰、這裡不能跑、要安靜、要坐好、要聽話……」孩子不但沒有感受到父母對他的好，反而覺得他一直被限制、被要求，父母擁有絕對的權力，因此找機會，孩子就會因爲錯誤目標「權力鬥爭」，用哭鬧、用耍賴、用不配合，希望能夠獲取那一點點的「小勝利」（孩子的權力工具很少，通常反應在吃喝拉撒睡）。

「陪下去玩」的時間和品質

另外，全職帶孩子的父母，有時爲了自己的舒壓需求，找朋友一聊天就是幾小時，孩子被無聊地晾在旁邊。

父母覺得：「我已經花了一整天的時間陪孩子啦！」孩子卻覺得：「父母都沒有時間理我。」也會造成後續孩子在注意力或權力上，與父母的爭奪。因此，我們建議三歲以上的孩子，父母可以將部分的行程交由孩子決定，父母可以提供些許意見，但只要沒有安全危險的顧慮，盡可能地放手讓孩子作主、做決定。

在過程當中，父母要拋掉「我已經花時間帶你出門，你還想要怎樣」的施捨心態，改採「欣賞、肯定、鼓勵」孩子在行程中的每一個小小展現。而和孩子在一起時，除了陪在「旁邊」的時間之外，更重要的是「陪下去玩」的時間和品質有多少。

如果眞的想和朋友聊天，就把孩子交給家庭團隊、或是支援系統，讓自己好好放鬆吧。別帶著孩子，結果自己也沒有充分地放鬆，孩子又感覺到被不理不睬，反而損傷了親子關係。

情緒挑戰（三）

「都是你害的！」爲什麼孩子愛怪別人？

全家出去吃晚餐，孩子想帶心愛的玩具出門，媽媽提醒孩子：「玩具在家裡玩就好，帶出去有可能會不見喔。」孩子表示知道，但還是堅持要帶玩具。回家前發現，玩具眞的不見了，孩子氣急敗壞地指責媽媽：「都是妳害的！爲什麼不提醒我！爲什麼不幫我保管好！」

媽媽無奈地詢問我們：「爲什麼我的孩子總是愛怪別人呢？」

所謂「羅馬不是一天造成的」，孩子的性格也不是一天養成的，而外在的行爲，只是反映了孩子長時間所形塑的性格，因此我們不談如何改變外在的行爲，而是回頭尋找影響性格的蛛絲馬跡。當問題的源頭解決了，行爲也就自然改變。

通常，會容易怪別人、怪爸媽的孩子，來自下述三種教養模式的家庭：

一、大人習慣「怪別人」的家庭

好久好久以前（應該國中還高中吧），看到林清玄寫的一本書中的故事，描述孫子跌倒了大哭，阿媽趕緊抱起孫子，然後用手打地板、用腳踩地板，說：「這地板怎麼那麼壞！讓我的孫子跌倒！不哭，我幫你打它、踩它！」

當年的我覺得不可思議，跌倒是自己沒走穩吧，關地板什麼事情？

直到我有了孩子後，到公園、運動場、甚至溜冰場，親耳聽到好多次同樣的話，現在的我還是覺得不可思議呀！當孩子身邊的大人（或手足、同儕），習慣把任何的事情、責任、過錯，都推到別人或環境身上，而跟自

己無關時，眞的很難不教養出習慣怪別人的孩子。而且這樣的家庭，可能還會怪幼兒園或學校，怎麼沒有把孩子教好，眞是不負責任。

其實，最不願意負責任的，是大人本身。

二、大人習慣「怪小孩」的家庭

「我剛剛不是跟你說了嗎！」、「我就跟你講吧！」、「你看，水打翻了吧！」、「我提醒過你了喔！」、「誰叫你不聽我的話！」……小孩或是小小孩，眞是太容易怪罪了。

身爲父母的我們，的確比起孩子來說是見多識廣，我們吃過的鹽也的確比他們吃過的飯要多，因此，善盡「提醒」的責任的確是父母責無旁貸的事情。但提醒，並不代表事情發生後，要以一種「你看吧！」的姿態對孩子落井下石。而且通常會這樣講的大人，在邊講的時候，還會邊幫孩子善後。因此孩子不但不用承擔任何自然或合理的行爲結果，還在心理層面被大人奚落貶低了一番。

等到孩子語言成熟了一點（大約四歲左右吧），孩子有可能因爲要報復、要閃躲、或不想要被貶低，就會先發置人、先下手爲強，說出：「都是你害的！」通常苦主（被怪罪的對象）就會是當年落井下石的大人。

還記得我們在討論這個議題時，一位優幼部落五歲的孩子聽到後，忍不住跟我們說：「大人這樣講的時候，小孩會很難過耶！」

孩子比我們還懂優幼的精神。

三、大人習慣「罵小孩」的家庭

人類有趨吉避凶的本能，而被打罵絕對不是一件大吉大利的事情。很多大人以為用打罵可以扼止孩子的不良行為，但必須說得精確一點：用打罵只可以扼止孩子的不良行為「不被你看到」；也就是化明為暗，不要被大人發現就沒事了。

那麼如果被發現了怎麼辦？

兩個最直接有效的方法：（一）說謊、（二）怪別人。

只要有一次的成功經驗，孩子就會誤以為可以一直這麼做。但總會有被抓包的時候，如果大人是用更大的力量、更嚴厲的字眼來打來罵的話，就是在訓練孩子「智慧型犯罪」的頭腦：我下次一定不要再被抓到，如果被抓到，也要說是別人害的。

還好，羅馬雖然不是一天造成的，但也是有拆除或重建的機會。教養的模式、大人和孩子的性格也是，都有機會改變和調育。我自己在三年前就是習慣「怪小孩」和「罵小孩」的爸爸，經過這三年的優幼調育，改變了自己和孩子的互動模式。而當父母改變了，孩子也就跟著改變了。

前一兩年，綠豆還是習慣怪罪到我或媽媽身上，我們不斷地以溫和而堅定的態度，同理他、包容他、體諒他，並且明白地告訴他：「爸爸媽媽都在學習、都在改變，不會再怪你、不會再罵你，你可以安心。」

慢慢地，我們就會感受到父子關係的改變，然後逐漸地發現，孩子不再需要怪別人了。

情緒挑戰（四）

怎麼可以生氣罵人！

這幾年的優幼歷程，經常接到媽媽或爸爸的訊息：「孩子讓我好生氣，害我又把他罵了一頓！」我總是忍不住笑了一下，但完全不是取笑的意思，而是想到了三年前的我，也曾經說過一樣的話。

「孩子做了什麼事呢？」我問爸媽。

（其實可以列出的事情太多了，我舉一個最明顯的反差讓大家想想。）

「他說弟弟搶了他的玩具，所以他很生氣，然後就用很難聽的話罵弟弟！」爸媽很氣憤地描述著。

「喔，所以你不希望他罵弟弟囉？」我問。

「當然啦！弟弟很可憐耶！又不是故意要搶哥哥的玩具。」爸媽還是在氣頭上。

「那不能罵弟弟，可以罵你嗎？（指罵爸爸或媽媽）」我再問。

「當然不行呀！怎麼可以罵我呢？」有的爸媽是覺得不關他們的事；有的爸媽是覺得小

孩罵大人太沒禮貌了。總之，就是不行。

「喔，那可以讓他去罵別人嗎？」我又問。

「不行啦！」爸媽大概想說我是鬼打牆吧，一直問類似的問題，氣氛通常緩和不少。

三年前的我也很容易「被孩子」踩到地雷（事實上，地雷是自己埋的，這和過去的成長歷程有關係），然後呢，我們就「爆炸」了。不是威脅恐嚇，就是處罰打罵。身陷在情緒風暴的父母，很難理性地思考究竟這樣的親子模式，所延伸的是怎麼樣的循環。

我們來拆解剛才的對話內容：

「A的行爲，造成B的情緒（生氣），所以B反應給A（罵）。」

將爸媽無法接受的內容套入：「弟弟搶了哥哥的玩具（行爲），造成哥哥很生氣（情緒），所以哥哥用很難聽的話罵弟弟（反應）。」

老話又來了：孩子的行爲沒有對錯，只是反映了心理的需求或是過去的經驗而已。我們來看看「過去、現在和未來的經驗」是什麼吧。

經驗的內容套入：「哥哥罵弟弟（行爲），造成爸爸媽媽很生氣（情緒），所以爸媽罵了哥哥一頓（反應）。」

孩子的行為，從哪裡學來的呢？

「那怎麼辦？我要怎麼教孩子？讓他知道不要用罵人的方式？」爸媽問。

「解鈴還需繫鈴人呀。」老祖宗這麼說過。唯有爸媽先學會了，「別人的行爲」和「自己的情緒」可以脫勾，不再因爲別人做了什麼（這個別人包括孩子）而讓自己生氣，孩子才有機會學到不需要因爲別人而影響自己的心情，也才有機會學習對自己的情緒負責，而不是怪別人「害」他生氣。

接著，爸媽要能夠妥善處理「自己的情緒」，不讓情緒的出口對著孩子（或親朋好友），孩子也才有機會學習如何處理自己的情緒。

爸媽學習與調整的速度有多快，孩子的速度就有多快。不要再執著於「改變孩子」了，很多孩子與爸媽、同儕、學習的議題，都源自於「父母本身」。當我們氣呼呼地對孩子吼著：「怎麼可以生氣罵人！」的同時，我們不是「正在生氣罵人」嗎？

情緒挑戰（五）

陪伴孩子學會好好生氣

生氣，是人類很正常的情緒反應。只是這一代很多的父母，在童年時期都面對過一個矛盾的現象：大人可以生氣，但孩子如果生氣，大人就會更生氣，然後孩子輕則被責罵，重則被打一頓。

所以當我們有了孩子之後，有的父母「媳婦熬成婆」，對於孩子的生氣，也用類似的方式對應；也有的父母想到生氣就害怕，所以自己不敢生氣，也希望孩子不要生氣，所以一再隱忍自己的情緒；或是父母明明就很生氣，但因爲「誤以爲」生氣是不對的，即使孩子問：「你有在生氣嗎？」也選擇騙孩子、騙自己說：「我沒有在生氣。」

然而，正如吃五穀雜糧，沒有不生病的道理一樣，人，也沒有不生氣的。

孩子可以生氣、父母可以生氣、每個人都可以生氣，生氣沒有不對、沒有不好、沒有問題。但「怎麼生氣？」、「怎麼在孩子面前生氣？」就成了父母很重要的課題了。

我們跟父母聊「生氣」這件事，父母說：「就是很生氣呀！」還有父母說：「就是孩子做了讓我生氣的事！」很多父母不懂、也沒有想過，生氣究竟是怎麼樣的情緒，甚至還停留在因爲別人的行爲，而綁架了自己情緒的階段。

那和孩子聊聊「生氣」這件事，會發現焦點很不一樣。

有孩子說：「生氣像是有一股力量在我的身體裡。」

有孩子說：「生氣的時候，我覺得我的心裡黑黑的。」

有孩子說：「我生氣時就好想要大叫。」

有孩子說：「我生氣時就好想打東西。」

孩子反而很清楚生氣是一種內在的感覺，也知道面對自己生氣的抒發方式。因此在對於情緒的覺察，我們可以向孩子學習，眞實地、坦白地面對自己是有喜怒哀樂的情緒，進而接受這些情緒。

然而，對於情緒的抒發，就需要大人和孩子共同合作了。

生氣防災演練

父母必須先示範，是可以生氣的，是可以在孩子面前生氣的，但這股情緒，不能影響到孩子和配偶，也就是不要用任何「僞裝管教」的理由，用打、罵、威脅、恐嚇、處罰的方式，將自己的情緒對著孩子爆發。

接著，跟孩子一起腦力激盪，如果父母生氣了，可以怎麼做？如果孩子生氣了，又可以怎麼做？在家裡、在車上、在外面、在公共空間等不同場景又可以怎麼做？

討論好之後，可以和孩子一起用寫的或用畫的記錄下來，就像是劇本一樣，然後在平時進行「防災演練」。這不是開玩笑的，因爲父母生氣，對於孩子的震撼和傷害，可能比地震海嘯還要恐怖呢。

爸媽的冷靜角

我們也建議在家裡的公共區域，例如：客廳。設置一處「冷靜角」，這個冷靜角是給大人的喔。可以布置一個懶骨頭、放臺音響、幾本雜誌、或是讓自己可以放鬆的物品，當父母生氣時，就自己進到冷靜角調整情緒，而不是把孩子或配偶當成出氣筒。

一陣子之後，孩子也可能會想要布置自己的冷靜角呢。

我們建議父母要在孩子面前，展現如何從生氣的情緒，調整回到平靜的情緒，因此如果父母生氣時，是把自己關在房間或廁所裡、或是默默地躲起來，那麼孩子就失去了最好的學習機會。

同樣的道理，如果父母生氣時，是對著孩子大吼大叫、或是摔東西、搥牆壁，那麼孩子自然也會模仿吸收。所以我們的目標，並不是教養出不會生氣的孩子，而是讓孩子學會如何好好生氣，在此之前，父母得要先學會好好生氣。

情緒挑戰的重點

＊多和孩子「開心地擁抱」，讓擁抱和快樂相連結，而不是讓擁抱的連結，只存在於哭或難過的情境中。

＊父母要拋掉「我已經花時間帶你出門，你還想要怎樣」的施捨心態，改採「欣賞、肯定、鼓勵」孩子在行程中的每一個小小展現。

＊當孩子身邊的大人（或手足、同儕），習慣把任何的事情、責任、過錯，都推到別人或環境身上，而跟自己無關時，真的很難不教養出習慣怪別人的孩子。

＊爸媽要能夠妥善處理「自己的情緒」，不讓情緒的出口對著孩子（或親朋好友），孩子也才有機會學習如何處理自己的情緒。

＊不要再執著於「改變孩子」了，很多孩子與爸媽、同儕、學習的議題，都源自於「父母本身」。

＊我們不是要教養出不會生氣的孩子，而是讓孩子學會如何好好生氣。

人際挑戰（一）

你對、你也對，讓孩子面對自己的行爲

映入眼簾的，是一個孩子靠著媽媽站著，而媽媽正對著另一位孩子嚴肅地說著：

「你怎麼可以沒有問，就拿走別人手上的東西呢？這樣是搶耶！搶東西是不對的，你知道嗎？」

我迅速觀察了一下現場，靠著媽媽的孩子，手上拿著一枝彩色筆，爲了先暫停媽媽繼續對另一位孩子的「教誨」，也爲了了解實際狀況，我走到兩個孩子中間蹲了下來。

媽媽跟我說了發生的事情，就和她剛才對孩子說的是大致雷同的內容。

沒有大人可以靠的孩子，明顯地感受到緊張，我直覺地先關心他，然後問他發生了什麼事？他說：「那是我剛才畫畫的筆，我放在桌上，然後我離開再回來就被他拿走了……」

「喔，」我接著重覆了孩子的話，以確認我聽到的、跟孩子說的是一致的。

接著我再問靠著媽媽的孩子，剛才發生了什麼事？

他說：「這枝筆放在桌上沒有人用，我才拿起來，他就衝過來把筆搶走……」

「喔，」我也重覆了他的話。

「所以你覺得這枝筆是你在使用的，別人不應該拿走？」我問沒有大人可以靠的孩子，孩子點點頭說：「對。」

我轉頭問有大人可以靠的孩子：「所以你看到這枝筆放在桌上沒有人用，你可以拿來使用？」孩子也點點頭說：「對。」

「你覺得你在使用的筆，別人不應該拿走，你對，」我說，「你看到沒人在用這枝筆，所以可以用，你也對。你們兩個都對，可是我們只有一枝筆，怎麼辦呢？」我很眞誠地詢問孩子。

不到三十秒的沉默，靠著媽媽的孩子，把他手上的彩色筆塞到媽媽的手上，然後去玩別的玩具；另一位孩子看了我一眼，也沒有要那枝彩色筆，跑去玩別的玩具了。原本是兩個孩子爭奪焦點的彩色筆，瞬間失去了價值。而事實上，彩色筆始終都不是重點。

相信每一個孩子，了解行為的目的

爲什麼我不在當下，去處理孩子「搶」的問題？因爲行爲的「問題」，都不是「當下」可以被處理、被解決的。

這個事件發生在優幼PG的第一次聚會，我對雙方孩子和家庭都沒有足夠的認識，無法去判斷事情的前因後果，因此我能做的唯一一件事，就是「相信每個孩子」。家長會用「搶」這個字眼描述孩子「直接拿走別人手上的東西」，或許不爲過，但對我來說，這仍然只是「一個行爲」，而孩子的行爲反映的是經驗的累積或需求的匱乏。

在很多親子團體的現場，明明資源就很多（像現場彩色筆有很多），爲什麼孩子總是要「搶」？而大人又會用怎麼樣的方式回應？手足的互動也是如此，爲什麼買了再多的玩具、布置了再棒的情境，孩子總是想要的，就是對方手上的那個？

對於多數的爸媽而言，所謂的教養，就是在孩子不良行爲發生的當下，用各種方法期望可以停止孩子的不良行爲，甚至未來不會再發生類似的行爲。家長很希望可以找到一個答案、一種做法，可以一勞永逸地解決爭搶的行爲。如果教養這樣簡單，那就太棒了，偏偏大家的經驗並不是如此，孩子的不良行爲往往一而再、再而三地發生，而爸媽在沒有覺察的情況下，也只是一直換方法：好好講沒用，就用交換利誘的；交換利誘沒有用，就用罵的；罵的沒用，就用處罰的；處罰的沒有用，就用打的……而事實上，這些方法不但沒有用，還不斷地挫敗孩子的心理和親子的關係。

因爲上述的無效教養方法是「肥料」，不斷地滋長著「雜草」（不良行爲）。

對於學齡前的孩子，他們並沒有太多的經驗和足夠的理性，去面對每一個當下的狀況，爸媽和大人要做的，是提供充裕的時間和環境，讓孩子在安心後，可以面對自然結果或合理結果，然後為自己下一次的行為增加選擇。

而所謂的不良行為，許多時候也是大人一廂情願的認定，的確，動手直接拿走別人手上的東西，並不是一個合適的行為，但這就定義叫「搶」嗎？對很多孩子來說，他使用的物品或玩具，在這段時間就是屬於他的，如果有別人拿走，孩子的第一個反應一定是拿回來。

同時我們也必須了解，另一位孩子需要去拿別人放在桌上的物品，背後也有他的目的和動機，就這次的事件看來，孩子應該已經習慣自己製造衝突後，讓媽媽為他出頭，享受得到的權力吧。

試著用「你對、你也對」的方式，讓孩子必須面對自己的行為，然後提出解決方法，如果這件物品相當重要，孩子一定會想出方法，如果物品並不重要，只是錯誤目標的工具，那麼孩子就會轉移目標了。

人際挑戰（二）

分享不是用教的

很多父母都想「教」孩子懂得分享，讓我先用大人的角度來舉例。

如果媽媽買了一組全新的保養品（化妝品、生活用具），然後忽然有妳不認識的人，跟妳說：「請借我妳的保養品。」妳是會借還是不會借？

如果爸爸買了一臺全新的跑車，然後忽然有你不認識的人，跟你說：「我想坐你的車。」或是「你可以借我車子嗎？」你是會借還是不會借？

我相信儘管有人的答案是OK，但大多數的人，是說NO、或是心裡極爲猶豫掙扎的。因爲這些東西「是我的」，對我來說「很珍貴」，而且「我不認識你」，爲什麼要借你？可是大家都說「分享是美德」、「要懂得分享才是有大愛」，好像我不借，是一件很沒有道德的事情？

對學齡前的孩子，尤其是到了兩歲前後，孩子對於身體的掌握度愈來愈高，便是自我意識開始萌芽的階段，這時的孩子覺得「什麼都是我的」，對於物權的界定與概念並不會太清楚，尤其是「自己的玩具」對於孩子的重要性，可是比媽媽的新保養品、比爸爸的新車，還要高出許多倍的。

在家裡，即使有兄弟姐妹，畢竟都還是「自己人」，或是父母會有某些潛規則，來分辨什麼東西是誰的。然而面對一群新的小朋友、新的爸爸媽媽，如果可以帶自己的玩具的話，就是逼得孩子一方面要鞏固「自我意識」，一方面要保護「自己的玩具」，原本共組團體的遊戲、探索、互動目標，就只會變成：

有的孩子看到別人手上的玩具就想要玩（因爲「什麼都是我的」自我意識在萌芽）；有的孩子緊抓著自己手上的玩具，頭也不抬（因爲那是他最愛的玩具）；然後就開啓了無限迴圈：「你可以借我玩嗎？」、「要好好說喔。」、「可以跟○○分享嗎？」、「再玩五分鐘換人喔。」、「哇！○○願意分享，好棒喔！」、「跟○○說謝謝。」

分享是自然而然的結果

通常來說，不會那麼「美好」（有看出大人心中的預設了嗎），事實上會有孩子直接拿別人的玩具；有孩子好好說「可以借我嗎」卻被拒絕；有孩子借了別人後卻拿不回來……記得，這篇在談的，是二～五歲的孩子，他們還沒有大人那麼多的溝通能力、談判技巧。於是再過不久，就會有孩子一定要帶玩具才願意出門，問孩子原因：「因爲我帶玩具，○○才會跟我玩呀。」也會有孩子不願意再出門，問孩子原因：「因爲○○都會搶我的玩具，我留在家裡玩就好。」

「這樣孩子不就沒有機會學會分享嗎？」、「這樣不是讓孩子更自私嗎？」、「這樣不會讓孩子的自我更膨脹嗎？」

我再用大人的角度來舉例，如果今天是妳最好的朋友來跟妳借保養品；如果今天是你最好的朋友來跟你借車，你借還是不借？有了「最好的朋友」這層關係，願意借的比例就大幅提高了。

回到孩子也是一樣，「分享」不是一種學習，而是一段歷程，它是當孩子被滿足、被重視、信任周遭的環境與人之後，「分享是自然而然的結果」。如果過早要求孩子分享、或是過度地製造孩子需要分享的機會時，孩子不見得能夠感受到滿足與重視；如果又有很多次不愉快的經驗（例如：玩具被搶走、或借出去卻拿不回來），也會讓孩子對於外在的信任感降低，這影響的層面就會擴及未來的發展了。

我們要營造一個符合孩子發展階段的環境，簡單來說，就是不要挖洞給孩子跳。戶外的環境豐富度，已經很足夠孩子探索與遊戲；主題的學習內容，也足夠讓孩子全身投入。因此不帶玩具來，反而可以激發更多的可能性，讓孩子有機會打開自己的感官，而不是陷在自我意識和自己玩具的兩難局面。

然後，比較「氣味相投」的孩子，就會彼此邀約「續攤」，到家裡一起玩玩具，就家長的回報，到家裡的互動都是極爲良好的，完全沒有「分享」的議題要處理，因爲那就是幾個「好朋友」，很「自然而然地一起玩」，這不就是父母原本想要「教」孩子的分享嗎？

人際挑戰（三）

孩子動手打人該怎麼辦？

學齡前的親子團體，孩子打人的事件時有所聞，「孩子動手打人，我該怎麼辦？」也成了父母求助的前十大問題之一。由於教養沒有單一的方法，孩子的行爲也沒有單一的解法，該如何面對，並協助孩子練習除了動手打人「以外」的方法，我們可以從這幾個面向來討論：

一、事出必有因

我們認爲，事出必有因，孩子打人是「果」，所以眞的要處理，也要從「因」著手。

如果父母是用一種「自以爲同理的怨怨相報」方式：當孩子打人後，就把孩子抓過來打一頓，然後問孩子：「痛不痛？很痛對吧！看你下次還敢不敢打人？」

我們可以預料，孩子百分之百下次還會打人。因爲父母並沒有處理打人行爲背後的情緒與動機，反而因爲只著眼在行爲上，而負向增強了孩子打人的行爲，於是重覆出現。

二、教養不是「是非題」

父母必須先拋掉「教養的是非題」觀念，只用「對、不對」，「好、不好」來判斷孩子的行爲。就直覺的思維，「打人是不對的、打人是不好的」似乎如同眞理一般不可動搖，父母以爲「對事不對人、就事論事」，但孩子的解讀卻變成「我是不對的、我是不好的」。

當孩子因爲解讀父母的態度，而產生自我否定的想法，不是容易變得無能，就是反而攻擊性增強，甚至還會說出「我就是壞，怎樣！」的話語，讓動手打人的頻率和傷害都愈來愈大。

換個角度思考，把動手打人當成「選擇題」的選項之一，隨著經驗的累積、教養與教育的協力，孩子面對同樣的情境，可以做出動手打人以外的選擇，才是我們的目標，不是嗎？

三、別急著要孩子道歉

要留意別只要求孩子道個歉、說聲對不起，就與他無關了。我們就有遇過打人之後直接丟了一句對不起，然後就跑走的孩子。

道歉是要孩子發自內心，由衷地感受到自己的行爲造成對方的困擾後，所眞心說出來的一句話，別讓它變得太廉價了。因此父母可以在不否定孩子、不對孩子動怒的前提下，陪著孩子去面對行爲的自然或合理結果。例如：把別人打哭了，至少陪在對方身邊直到對方哭完；把別人打受傷了，至少陪著對方一起去擦藥等。

四、看懂行為的背後動機

我們不斷和父母說明：「孩子的行爲沒有對錯、沒有好壞，學齡前孩子的行爲很單純，反映的不是『過去的經驗』，就是『內在的匱乏』。」

過去的經驗有可能來自於父母的教養態度，如果父母是採取打罵、威脅、恐嚇、賞罰的「外控式教養」，那麼孩子使用「外控式互動」的機會就大增，畢竟孩子很理所當然地覺得：「既然父母生氣就可以打罵我，那我生氣當然也可以打罵別人呀。」

過去的經驗也有可能來自於同儕團體的互動經驗，如果多數的時間，孩子都必須處於一種「弱肉強食的叢林法則」的環境，同樣也容易發展出退縮、或是攻擊的極端性格，甚至這樣的孩子，還很會「柿子挑軟的吃」，專門找看起來比他弱的對象下手。

而內在的匱乏則要回到「生、存」二字來說明，人類從出生到死亡，追求的不過就是「生、存」兩件事：生是「生活」，不用煩惱食衣住行育樂的生理需求；存是「存在」，要的是被看見、被接納、被關注、被在乎、被愛的心理需求。

多數的孩子，生活是無虞的，但往往「存在感低落」，沒有被接納、被關注、被在乎、被愛的感覺，只好追求被看見，嗯，動手打人的確就會吸引所有人的目光，不是嗎？

五、改變孩子之前，先改變自己

說明了面對「孩子動手打人」這個行為，父母在觀念上的調整後，如果你心裡想要的，是我告訴你一個「治孩子的有效方法」的話，那很抱歉要讓你失望了。學齡前孩子的行為，解鈴還需繫鈴人，除了從行為背後的動機著手之外，需要改變和行動的，通常是「父母」而不是孩子。

人際挑戰（四）

說對不起，是選項之一，不是唯一

「做錯事，說對不起」，對大人來說似乎是再正常不過的反應了。於是孩子從會說話開始，父母就不斷耳提面命地要求孩子「做錯事，要記得說對不起」。然而這樣的要求，隨著孩子長大，卻容易呈現四種極端的狀況：

狀況一：孩子寧願被打死、罵死，也不願說對不起。

狀況二：孩子做了所謂的錯事，自己先大發雷霆，一切都是別人的錯。

狀況三：孩子做了所謂的錯事，丟下一句對不起就一溜煙跑走。

狀況四：孩子說了對不起之後，就要求對方一定要原諒他，而且還要很開心地原諒他。

這四種狀況都不是父母樂見的，但難道父母不能要求孩子做錯事要說對不起嗎？在回答這個是非題之前，我們可以先從三個層面來思考：

一、所謂做「錯」事，是由誰來決定事情的對或錯？

阿德勒心理學提到「無人自願爲惡」，套用在孩子的身上更容易了解。基本上孩子的行爲都不是故意的，而是行爲的背後有一股「善」的動機和趨力，讓孩子決定展現某種行爲。

「善」的動機和趨力？孩子都打人了，都搶別人手上的玩具了，簡直壞到不行了，哪裡有「善」？

這裡所謂的「善」，並不是傳統價値所認定的善，而是當事人（孩子）認爲「對自己有益」的事。打人的行爲，有可能來自於彰顯自己的地位，對自己有益；搶別人手上的玩具，有可能來自於享受擁有玩具的瞬間，對自己有益（會打小孩的父母，往往也是有「善」的理由，例如：要讓孩子得到教訓之類的）。更多數孩子的行爲，背後的動機和趨力只是覺得好玩、或是吸引別人的注意。

回想我們小時候，幾乎每個班上都會有拉女生辮子的男生，男生的心裡並不是想著「我今天就是要做錯的事情」，而是藉由這樣的行爲引起注意而已。

難道因爲孩子覺得好玩、或是吸引別人的注意，所以我們就要同意孩子的行爲？讓孩子打人？搶玩具？拉辮子？

當然不是。

孩子的行爲，如果沒有影響到其他人，基本上那是孩子自己的行爲，也是他的個人自由。但當孩子的行爲，對其他人產生了影響，那就是「人際議題」，需要由「行爲和受影響的雙方」來討論這個議題。

沒有任何的第三者，包括父母或老師，有資格或有權力去評斷誰對誰錯。除非父母或老師就是受影響的當事人，但也不是從對錯的角度來看待行爲。受影響的人，可以運用「我訊息」完整地表達，內容包含：（一）對方的行爲、（二）造成的影響、（三）自己的感受。例如：「你打我，讓我很痛，我不喜歡被打。」、「你搶走我手上的玩具，讓我必須暫停遊戲，我覺得很生氣。」

而行爲的當事人，在聽完對方的「我訊息」後，就需要提出自己的解決方法。例如：看看對方有沒有受傷、幫對方擦藥、陪伴對方哭完、把玩具還給對方、說對不起……（是的，說對不起是選項之一，而不是唯一的選項）。而受影響的人則可以選擇是否接受對方的解決方法，也可以提出自己的解決方法。

當然這樣的議題討論，是在行爲和受影響的雙方都沒有「情緒」的時刻才能進行，如果任何一方有情緒，那麼基本的作法就是「先處理心情、再處理事情」。而父母和老師要做的，是陪伴孩子完整地走完討論的過程，角色就像是調解委員會的主席，而不是法院的法官。

二、孩子的感受：對事也對人，承認做錯事等於承認自己是不好的

父母教養的出發點，多是希望孩子調整所謂不好的行爲，採取的是「對事不對人」的角度。然而孩子因爲大腦發展和生命經驗的不足，並沒有辦法感受到父母的用心良苦，因此當父母說孩子「做錯事」的時候，孩子的直接感受就是「我是錯的、我是不好的」。

單純的孩子就會直覺反應：「我哪有！我才沒有！」然後父母也誤以爲孩子否認、說謊，更是踩到父母的紅線，於是用更大的壓力逼迫孩子承認他有做錯事。於是孩子就不會單純地反應，而是找各種的理由、怪東怪西、或是拉別人一起下水，反正一切都是別人的錯，父母的紅線再次被踩，於是再加大力道要孩子面對自己的錯事，打罵、威脅、恐嚇、處罰往往就在此刻上演。

當父母長期站在孩子的對立面，父母也就失去了教養的機會，而成了孩子的敵人，不僅失去了孩子對父母的信任、父母對孩子的影響力，更是把孩子逼上「我就是不好的」絕境。這也是前文狀況一、二的起因，因爲孩子不認爲自己是不好的，所以怎麼樣也不願意說對不起、或是先大發雷霆來武裝自己。

我們建議父母和孩子站在同一陣線，面對孩子的行爲，不要去判定對或錯（即使心中再怎麼認定這是一件錯事，都不需要說出來），而是陪伴孩子去面對行爲的自然結果。

打人、搶別人玩具，造成對方大哭，這是孩子行爲所衍生的自然結果，父母要做的，是陪著孩子一起面對這個結果，可以是靜靜地陪伴哭泣的對方，可以是溫柔地安慰對方，也可以拿一張衛生紙給對方（當然，大哭的情緒也是對方的選項之一，因此沒有人有權力去中斷或改變對方大哭的決定）。

那麼事後需要檢討嗎？基本上都是不用的，檢討的前提來自於還是認定這個行爲是錯的。事實上孩子已經面對了行爲的結果，也就是爲自己的行爲擔負起了責任，是不需要再進行額外的補充說明了。

「陪伴孩子面對行爲的自然結果」，因爲沒有對與錯的判定，孩子自然不會連結到自己是好是壞，才能眞正地達到父母「對事不對人」的出發點，而孩子從行爲的自然結果當中，也會累積經驗，成爲下次行爲之前很重要的選擇。

三、說對不起，是口頭禪還是眞心話？

坊間面對人際議題的方式非常快速：甲說說看、乙說說看、好，雙方道歉、握手、擁抱、結束。除了丟下一句對不起之外，什麼經驗都沒有留下。如果所有的行爲，孩子只有唯一的選項：「說對不起」，那麼很快地就會變成孩子的口頭禪，反正說了又不會少一塊肉，趕快說完、趕快去玩。

我們希望孩子爲自己的行爲擔負起責任，當然希望孩子說的對不起，是發自於內心，感受到自己行爲造成了對方的影響和困擾，然後藉由道歉做爲彌補或緩和對方情緒的方式。如前一段所說的，當孩子的行爲造成對方大哭，孩子能做的或許就是靜靜地陪在對方身旁。經由這段時間的陪伴，孩子才能有機會去感受對方的情緒，然後再連結到原來對方的情緒和自己的行爲有關。

類似這樣的經驗需要一而再、再而三地重覆累積，孩子的同理心、對自我行爲的掌控能力，才能一步一步地增長。甚至隨著孩子年齡成長、語言表達能力成熟後，我們還要引導孩子「只說我的行爲和感受」，協助孩子從「我做了什麼」、「我覺得如何」練習爲自己負起責任，而不需要推卸責任或怪罪他人。

另外，每個人都有趨吉避凶的本能，因此如果孩子面對的不是行爲的自然結果，而是父母的打罵或處罰，那麼孩子爲了「避凶」，也會衍生出逃避、否認、怪別人的習慣喔。

引導孩子思考「行為的適當性」

談了這麼多，再回到最初的問題：「難道父母不能要求孩子做錯事要說對不起嗎？」

我們建議，父母要以領導者的方式，陪伴、教育、引導孩子去思考「行爲的適當性」。我們在展賦自學團推動一項「三思而後行」的計畫，也就是在行爲之前，要思考三個面向：

（一）時間適合嗎？

（二）地點適合嗎？

（三）對象適合嗎？

如此可以跳脫對與錯的二分法，協助孩子辨別行爲的適當性。

接著父母就陪伴孩子一起面對行爲的自然結果（爲什麼？因爲你是孩子的父母呀），因爲陪著孩子一起面對，所以父母也會有「自己的感受」，這很值得和孩子分享，例如：看到對方在哭、我也很想哭之類的，但千萬不要淪爲說教呀。

最後再和孩子一起討論出行爲的解決方法，並且陪伴著孩子一起去執行。如果孩子想出的解決方法是「說對不起」，你就會發現，這是一句徹徹底底的眞心話。

人際挑戰（五）

父母要捍衛孩子遊戲的自主權

隨著年齡逐漸成長，孩子對於同儕人際的需求也會逐步增加。幼年被充分尊重、與父母保持健康的依附關係、擁有合理自主權的孩子，在人際的互動上，是自在的、是樂於分享的、是擁有足夠自信與應對能力的。然而就我們的經驗，由於教養仍處於「威權與民主」的十字路口，因此擁有「優質幼年經驗」的孩子仍然是少數（就像我們家的綠豆，也是承受了四年的「虎爸教養」後，才在優幼找到成長的曙光呀）。因此當來自不同家庭、不同教養觀念、不同幼年經驗的孩子聚在一起時，我們必須以一種「亦步亦趨」的方式，跟隨著每個孩子的展現，與不同的家庭穿梭互動。

這樣的模式，對某些家庭來說，或許是一種壓力。然而多年的優幼經驗，讓我們很確定，這就像是「倒吃甘蔗」般，剛開始的過程確實比較辛苦，但也因爲這段時間的累積，父母才能眞正「看懂」孩子，而孩子也才能在沒有威權的壓力下，熟悉父母的性格、情緒與行爲。

針對學齡前孩子的「分享」議題，在前章「人際挑戰（二）」也有說明，我們認爲：「分享」不是一種學習，而是一段歷程，它是當孩子被滿足、被重視、信任周遭的環境與人之後，「分享是自然而然的結果」。

營造孩子安心探索的環境

我們同理每個孩子，覺得所有玩具「都是我的」；然而同理，並不代表它就是「眞理」，因爲事實上，並不是所有玩具都是某一人的。只是孩子很自然地，會在新團體中展現在過去的成長歷程、或是其他的親子團體，所學習到的經驗（還是要不斷重申：孩子的行爲沒有對錯，它反映的只是經驗的累積、或是未被滿足的需求）。

因此在優幼親子團體中，我們會重塑孩子的團體經驗，營造一個安心的、自在的、眞正探索與遊戲的環境。在環境的營造上，我們邀請優幼的家長和孩子，不要帶自己的玩具前來；然後在室內的空間，我們擺放大量且不同的玩具與素材；在戶外的空間，我們則會讓孩子擁有充足遊戲的空間與資源。原則上，在玩具、素材、空間和資源充足的前提下，多數孩子可以很自在地，和父母、和同儕、或是自己一人，投入在遊戲與探索當中。

但不可避免的，會有一些孩子總是對「別人手上的玩具」感興趣，或是習慣介入其他孩子在探索的空間（又要再說一次：孩子的行爲沒有對錯，它反映的只是經驗的累積、或是未被滿足的需求），因此我們邀請所有的家長一起協力，捍衛自己孩子玩具的自主權，同時也協助維護其他孩子玩具的自主權。

溫和地捍衛，不審判、不漠視

會用「捍衛」二字，所呈現的正是「溫和而堅定的態度」，不用讓自己的孩子委屈求全，也不用讓別人的孩子忍耐退讓。當有別的孩子想要自己孩子手上的玩具、或是想要參與自己孩子的遊戲或探索時，父母先做爲第一道緩衝，確認自己孩子是有意願分享或一起玩的；如果孩子沒有意願，只要用溫和而堅定的態度告知對方即可。

同時間這位孩子的父母，也做爲另一道緩衝，邀請孩子再找不同的玩具和空間進行遊戲探索；如果孩子已經出手拿了別人的玩具，就只要輕輕地握住孩子的手，溫和而堅定地讓孩子放手即可；而如果雙方陷入了爭執或衝突，父母也可以放心地先同理支持自己的孩子，然後直接尋求優幼老師的協助，由第三者的角度和雙方進行討論與溝通，而不是由父母去當判官、或是父母撒手不管。

如此的模式大約進行三、五週，孩子們就會感受到，在優幼的環境中，可以安心地遊戲與探索，不用擔心會不會有別人中途介入、或是父母會要求自己分享。孩子們也會很明瞭，不用只關注別人手上的玩具或空間，而是可以放心地回到自己內在的，那股想玩、想探索、想求知的眞實需求。

當孩子安心與放心，同時親子「愛的存款」也在每天累積後，就會呈現出我一開始寫的：「幼年被充分尊重、與父母保持健康的依附關係、擁有合理自主權的孩子，在人際的互動上，是自在的、是樂於分享的、是擁有足夠自信與應對能力的。」

人際挑戰的重點

* 遇到孩子發生衝突，試著用「你對、你也對」的方式，讓孩子必須面對自己的行為，然後提出解決方法。
* 「分享」不是一種學習，而是一段歷程，它是當孩子被滿足、被重視、信任周遭的環境與人之後，「分享是自然而然的結果」。
* 父母必須先拋掉「教養的是非題」觀念，只用「對、不對」，「好、不好」來判斷孩子的行為。
* 面對孩子的行為，不要去判定對或錯（即使心中再怎麼認定這是一件錯事，都不需要說出來），而是陪伴孩子去面對行為的自然結果。
* 父母要以領導者的方式，陪伴、教育、引導孩子去思考「行為的適當性」。也就是在行為之前，要思考三個面向：（一）時間適合嗎？（二）地點適合嗎？（三）對象適合嗎？

＊幼年被充分尊重、與父母保持健康的依附關係、擁有合理自主權的孩子，在人際的互動上，是自在的、是樂於分享的、是擁有足夠自信與應對能力的。

學習挑戰（一）

玩不夠的孩子

愈來愈多的孩子玩不夠。

父母會喊冤說：「孩子要什麼玩具，我都買給他了耶！百元、甚至上千元的玩具，孩子堆得整個房間都是，怎麼會說孩子玩不夠？」

玩不夠，和玩具不夠，是不同的

我們的童年，沒有那麼多玩具，但我們有大量的時間、充足的空間，加上左鄰右舍的孩子都是我們的玩伴，可以讓我們的想像力發揮到極致，憑空創造出許多玩具和遊戲。因此即使沒有玩具，還是有很多孩子可以擁有玩得很過癮的童年。

如果讓孩子安排自己的時間表，那麼「玩」應該會超過半天的時間，但偏偏大人過度介入孩子的時間安排，變成玩的時間往往只剩下零星時段。或是當孩子有任何不如大人所願的行爲，大人很習慣用「不能玩」做爲威脅或處罰，有加入自學團的孩子跟我分享，過去在學校，因爲班上一位同學的行爲，老師就處罰全班不准下課，最後整天都沒有下課時間。

對孩子來說，所有地方都是遊戲空間，然而生活在都市的孩子，卻因爲安全的因素、社會的常規，不能隨意地在任何地方玩。有了空間的限制，大人卻沒有覺察，應該要刻意安排孩子有多元豐富的空間可以遊戲，不是只待在家裡，就是只帶孩子去大賣場，就算出外旅遊，行程也是以大人的角度進行安排。

現代孩子生得少，鄰居又彼此不認識，很多家庭在孩子學齡前，就是大眼瞪小眼的親子互動，如果大人懂得找出自己的童心，成爲孩子的玩伴，孩子就不會容易感到無聊。但我們也發現，有很多的全職爸媽，其實不太知道要和孩子玩什麼，於是從小就幫孩子安排各項才藝課，以爲這樣孩子就有玩到，事實卻恰恰相反。

隨手可得的素材、甚至是大人眼中的垃圾，對孩子都是玩具。大人要從孩子的角度，去欣賞他們的創意、想像和創造力。可惜的是，太多大人嫌這裡髒、那裡亂，要孩子這不要碰、那不要拿，即使孩子用了乾淨的回收物創作了自己的玩具，大人還會嫌它占空間、礙眼不美觀，要孩子把玩具處理掉。

上述的因素也就造成雖然現在的孩子玩具很多、選擇琳瑯滿目，但孩子玩的時間被瓜分、空間被壓縮、玩伴愈來愈少、內容愈來愈單一，孩子覺得自己都沒有玩，但大人覺得孩子玩很多的衝突。

過動？還是玩得不夠？

我們觀察整理了孩子性格發展的五道關卡，分別是：家庭、遊戲、情緒、人際、學習。如果其中一關卡關了，就會連帶影響到後面的關卡。

如果孩子從小玩得不夠，這樣的孩子在情緒上容易起伏，人際上容易有衝突，學習上更是容易自行中斷。也因爲玩的內在趨力太強了，隨著孩子愈來愈大，如果大人還是沒有及時讓孩子大量增加玩的時間、空間、玩伴、內容，那麼孩子就會開始在情緒、人際、學習這三個面向「玩」起來了。

孩子會開始玩弄自己的情緒，讓自己的情緒像雲霄飛車般高高低低；同時也會操控別人的情緒，運用自己的行爲，讓別人氣得跳腳、等得發慌、急得發瘋、心碎得痛苦。尤其是看到大人爲了自己而喜、怒、哀、樂，竟然成爲許多玩不夠孩子的「最好玩遊戲」，而大人始終搞不懂自己已經是「玩具」了，還想要去改變孩子的行爲、情緒和態度。

在人際面向中，孩子無法去結識眞正的朋友，但孩子仍需要人際互動，所以孩子就會把人際當成遊戲，去戳別人、鬧別人、嘲笑別人，最好逼得對方給他一拳，這樣他就得到了人際互動的目的。我看在眼裡實在不捨，每個孩子都是需要朋友的，但因爲玩不夠，孩子開始玩起人際衝突，來得到小小的被關注的滿足，長期下來對於孩子的人際關係，是相當嚴重的耗損。

而在學習的面向中，孩子的心思一直想要玩，所以練就了一身好本領，像是假裝認眞在聽，但實際上卻放空，任想像力在頭腦裡奔馳；或是拿起手上的筆、橡皮擦，就變成太空梭、宇宙飛船；或是書本上的文字和圖片，就成了孩子的著色本。學習的過程中，孩子只在想、只在問：「什麼時候可以下課去玩？」這樣的孩子，大人去談他的專注力、是否過動都是無效的，因爲根源在於孩子玩不夠呀。

不守規矩？還是玩得不夠？

孩子在從個體練習邁向團體的過程中，很重要的時間常規、地點常規、物品常規建立，也會因爲玩不夠而產生衝突。

在時間常規中，什麼時間該做什麼事，但孩子只想玩，所以穿個衣服也在玩，穿個鞋子也在玩，刷牙洗臉也在玩，連要睡覺了也繼續玩，進而引發親子間的對立和衝突。在地點常規中，不同的地點會有不同的行爲守則，但孩子只想玩，所以走在路上不顧安全只想玩；搭手扶梯無法站穩踏階只想玩；搭捷運不握緊扶手卻想爬桿。在物品常規中，每樣物品有其設計的功用，但孩子只想玩，所以椅子不拿來坐而是用來玩；鉛筆盒不拿來裝筆而是用來玩；水壺不拿來裝水而是用來玩。

愈沒有玩的時間、空間、玩伴和內容，孩子愈會將生活其他的縫隙拿來玩，但如此零碎片段、偷偷摸摸地玩，始終無法滿足孩子的遊戲需求，讓缺憾愈來愈大。

玩得夠的孩子不會變壞

玩不夠的孩子當中，有一部分是「被嚇大的孩子」，另一部分則是「被安排的孩子」。於是當大人真的提供了孩子時間、空間、玩伴和內容時，被嚇大的孩子不敢去玩，他們很擔心這是大人設的局，他們一玩可能就中招了，所以就算所有的同學都在玩，被嚇大的孩子也會遊走飄移，不敢放心去玩。

而被安排的孩子，就會一直嚷嚷：「好無聊喔！現在要做什麼？沒有玩具好玩的！」即使五分鐘前，一團紙球就讓孩子玩了一節課，但孩子長期被大人安排，等到有了真正玩的時間，孩子反而不知道該怎麼玩。

玩不夠的孩子，每天一直長大。於是我們就會看到愈來愈多的國中、高中生，瘋狂地玩著小學生的溜滑梯、盪鞦韆。我們會發現愈來愈多的大學生、成年人，在夜店、ＰＵＢ尋求人際的遊戲；或是用飆車、吸毒、鬥毆來尋求刺激感，滿足自己玩不夠的缺憾。

從小讓孩子玩夠、玩過癮吧！上才藝課不是玩、買玩具給孩子是不夠的，要讓孩子有大量的時間、豐富的空間、優質的玩伴、多元的內容，小時候玩得愈多、玩得愈足夠，隨著身心的成長，孩子才能逐步邁向成熟獨立、同時也不失童心的大人。

學習挑戰（二）

不是玩太多，而是學習風格不同

在專欄分享〈玩不夠的孩子〉之後，有家長來訊息詢問：

老師你好，我看了關於〈玩不夠的孩子〉的文章，我有疑問。因爲知道孩子學齡前的本命就是玩，能玩就玩，有活動就參與，所以到了大班才送去讀幼兒園，每天都會安排活動帶出門，不管是公園、看展覽、聽導覽活動、野餐……能玩盡量玩，但是變成了每天回來後孩子就會開始問：明天我們要去哪裡玩？明天要去哪裡？寫功課非常地不專注，心思都一直在外面，明明只要十分鐘就可以寫完的，因爲他不專心，要寫半小時以上，還要一直盯著，照理說他這麼大量地玩，不至於玩不夠呀，爲什麼心還是無法定下來？

這樣的疑問也發生在許多家庭當中，有的父母甚至會認定，就是因爲孩子玩太多了，心收不回來，所以主張不該讓孩子玩。但玩對於孩子的重要性、以及不玩對孩子造成的影響，我在〈玩不夠的孩子〉已經做了說明。如果從小不讓孩子玩，孩子就只好到大學「由你玩四年」了（我自己就是這麼過來的），因此從家長的問題當中，我認爲並不是玩太多，而是孩子的「學習風格」不同。

關於「學習風格」（或稱學習類型、學習管道等）有很多的學術文章可以搜尋，從家長的角度不需要太過專業，只要有基礎的了解即可。

「視覺」、「聽覺」、「體覺」三種孩子

簡單區分學習風格，包含：「視覺」、「聽覺」、「體覺」三類型，每個人不會只擁有一種學習風格，但有可能在某一種風格特別突出和明顯。

如果孩子喜歡看書、畫畫，走在路上會被招牌或螢幕吸引，或可以從樹叢中找到一隻昆蟲，那麼孩子主要的學習風格可能是「視覺」；如果孩子聽到一首歌很快就會朗朗上口，一點小聲響就會吸引孩子的注意，或很會說話、很會辯論，那麼孩子主要的學習風格可能是「聽覺」；如果孩子喜歡用手創作，喜歡把東西拆解再重組，走在路上會東摸摸、西摸摸，坐著會扭動身體，經常聞聲起舞，隨手擺個姿勢就超帥氣，那麼孩子主要的學習風格可能是「體覺」。

以上只是簡單的區分，而學習風格也有可能因爲孩子的成長而有所改變，同時學習風格也沒有好壞之分。

學校型態教育的設計，或是部分老師的帶法，比較適合「視覺」和「聽覺」風格強烈、「體覺」風格較弱的孩子，因爲長時間看著老師、看著黑板、看著課本的模式都需要「視覺」風格，而聽老師的話、聽老師的教學則需要「聽覺」風格，同時因爲「體覺」風格較弱，孩子得以在課程中乖乖坐好，身體不會扭來扭去。

我們認識很多孩子，「視覺」不是他的主要學習風格。

如果是「聽覺」風格強烈的孩子，就很容易被老師認爲不專心、不禮貌、不認眞，因爲老師上課孩子都沒有在看，但事實上你問孩子老師剛才說了什麼，孩子都可以說得出口，甚至還可以告訴你剛才還有哪些聲音。

「聽覺」風格強烈的孩子，很需要聊天或討論的時間，藉由聽與說的過程，孩子能更有效地吸收所學。因此容易讓老師覺得話多、吵雜、干擾的孩子，如果能夠安排他進行團體討論、口頭報告、辯論或演說，孩子就會很投入，也會完整地吸收。

如果是「體覺」風格強烈的孩子，就是學校型態教育最辛苦的一群了。往往被老師要求去評估、治療、吃藥的孩子，並不是因爲他們有病，而是他們的學習管道來自於「整個身體」，不能動對「體覺」風格的孩子來說，就像要「視覺」風格的孩子把眼睛閉上，或要

「聽覺」風格的孩子把嘴巴閉上一樣痛苦。

「體覺」風格強烈的孩子，很適合行動學習的方式，當身體可以自由行動時，孩子同時也願意看、能夠聽，因此有一些孩子，無法坐在教室聽老師說、看老師寫的板書，但當孩子走出教室，卻可以跟著老師一起學習，聽得津津有味、看得認眞投入，最好能夠實際觸摸、或有延伸的手作活動，會很適合他們。

選擇適合孩子的教育，而不是要孩子適合教育

對於學習風格有了基礎的認識之後，回到「寫功課」這件事情上，因爲通常都是紙筆功課，所以也較適合「視覺」風格的孩子，因爲「聽覺」風格的孩子很容易被聲音影響，而「體覺」風格的孩子則無法長時間靜靜坐著。

這樣的狀況，在目前的學校型態教育似乎是無解，因爲紙筆功課才方便老師批改和評分。而展賦自學團的「非學校型態教育」，是沒有回家功課的，但在每天的學習過程中，則有相當多的「成果評量」，包含了紙筆記錄（符合視覺風格孩子）、口頭報告（符合聽覺風格孩子）、手作實驗（符合體覺風格孩子）。

再談到回家功課這件事，如果家庭的價值觀或教養模式，是培養孩子自主獨立的能力、

讓孩子爲自己負起責任的話，那麼「老師規定」的回家功課，對於自主獨立負責的孩子，就是很大的矛盾了。

我認識一位孩子，對於數學很有興趣與能力，因此回家就把數學評量本寫了一大半，結果隔天到學校，老師卻要求孩子把不在指定範圍內的部分擦掉，因爲那是明後天才要寫的，先寫會讓別人覺得不公平，孩子邊哭邊擦，我聽孩子說著這段故事，心都糾成一團了。

我也認識另一位孩子，他可以在短時間內完成一萬片的拼圖（看起來視覺風格很明顯），但回家功課的量，讓孩子再也沒有時間拼拼圖，無論他多努力寫功課，寫完接著就要洗澡睡覺了，於是努力了一陣子之後，孩子就不再願意寫功課了，父母連拖帶拉都沒有用。

近期有愈來愈多的家庭選擇「非學校型態教育」，大概也是發現學校型態教育無法滿足具有「聽覺」和「體覺」學習風格的孩子吧。至於無法離開學校的家庭，我會鼓勵你們和老師談，讓孩子的功課減量、甚至取消。但就我們得到的回報，成功率大概只有百分之二十不到，多數的老師仍會以「公平性」——你的孩子不寫功課，會讓別的孩子覺得不公平——來回絕家長和孩子的需求。

因此我很鼓勵家長，教育的選擇權已經回到家長和孩子手上了，學校型態教育也開始有理念學校的成立，而非學校型態教育則是百花齊放，家長可以找到適合孩子的教育，而不是要求孩子去適合教育喔。

學習挑戰（三）

別爲了這些原因，把孩子送進幼兒園

我們家的孩子沒有上過幼兒園，甚至到現在，也沒有上過體制內的學校，我們選擇了「非學校」的教育之路。但周遭的朋友，多數是選擇讓孩子上幼兒園的，有的是因爲自己工作的因素；有的是希望孩子可以進入團體學習。

在和朋友互動的過程中，我歸納出四點進幼兒園的「錯誤目標」，父母可以參考看看，再融合自己的想法後，做出最適合自己家庭的決定。

一、不要為了訓練孩子規矩，把孩子送進幼兒園

規矩的建立是父母的責任，不是老師的。

當父母將「規矩」這件事視爲重點，並且要求老師加以訓練時，多數的幼兒園老師在面對十多位不同家庭背景的孩子，往往選擇採取「軍事化管理」的方式。統一時間洗手、統一

時間喝水、統一時間上廁所，然後上課乖乖坐好、不要講話，吃飯要把老師盛的量吃完，不可以吃太快、也不可以吃太慢，連走路行進間都要呈縱隊排列，甚至還要拉著一條繩子……許多學校、老師、父母所認定的「規矩」，在我們看來，只是要孩子「聽話」，而且是「聽大人的話」而已。

我們談的「規矩」著重「思辯」，是讓孩子逐步練習「做自己的主人」，對自己的身體有感覺，對自己的情緒有感覺，然後可以掌握自己的作息；接著去了解團體（家庭、學校、社會）的規範，同時和大人一起思考這些規範的合理與否，以及孩子應該如何因應，一步一步地練習在悅納自己的前提下，也能夠尊重別人與規律。

要了解一間幼兒園是在培養服從聽命的順民，還是在培養自主獨立的領導者，就是隨便問一位孩子：「當你想喝水時，該怎麼辦？」如果他的答案是「要問老師」或是「時間到了才能喝水」，那麼你可能問到了一所軍校吧。

二、不要為了先修小學的課業，把孩子送進幼兒園

「既然三歲之後都是和大人吃一樣的飯菜，那我們在一歲的時候就讓孩子先吃，這樣才不會落後呀。」

「不行不行，一歲孩子的腸胃還沒有發育完全，吃大人的飯菜會消化不良的。」

這道理你一定知道。那爲什麼小學才需要接觸的寫字、注音、英文、數學……幼兒園就要先讓孩子學習呢？怕落後嗎？怕別人的孩子會，而你的孩子不會嗎？那你難道不怕孩子的「學習胃口」受傷嗎？

我們曾經接觸過幾個個案，在幼兒園的學習認知已經到達小一小二的程度，寫字、注音、英文、數學在小一小二科科滿分，家長驕傲、孩子開心，卻在小三之後出了狀況。

因爲孩子的學習認知，是用「記憶」奠基的，而少了「理解」，所以雖然孩子很早就會從一數到一百，卻從來不懂「進位」的概念；孩子雖然很早就會九九乘法表，卻從來不知道乘法的意涵。而也因爲傳統學校並不會因爲你先學過，就讓你往前學習，而是照著制式的進度教學，因此這幾位孩子在小一小二時，在學校是提不起學習興趣的，因爲老師教的他都學過了，所以很自然地放空、做白日夢，甚至因爲學習態度不佳，而被老師責罰後，對學習更提不起勁。

花了大量的時間和心力，在幼兒園讓孩子跑得那麼辛苦，然而放在漫長的學習之路上，眞的有意義嗎？會不會反而造成反效果呢？

我們認爲學齡前，就是需要大量時間的遊戲，包括個人遊戲、團體遊戲，而遊戲的內容則要很廣泛，遊戲的工具也要很多元，因爲孩子的時間有限，絕對不要浪費時間去先修小學的課業呀。

三、不要為了別人有去幼兒園，把孩子送進幼兒園

其實如果孩子平常都有出門，也都有年齡相仿的朋友，那麼他們對於「幼兒園」是不會陌生的。所以什麼時候該進幼兒園呢？就是當孩子告訴你「我想上學」的時候；那什麼時候不該進幼兒園呢？就是當孩子告訴你「我不想上學」的時候。

但往往，大人沒有信心和勇氣，去相信孩子的話，卻很喜歡對孩子說「你看三樓阿毛去上學了、你看隔壁阿花會寫ㄅㄆㄇ了、你什麼時候才要去上學」之類的話。

如果你眞的認爲孩子該進幼兒園，那麼就提早一年，讓孩子有機會到你認爲不錯的幼兒園參觀、遊戲、試讀，一方面讓孩子熟悉環境，另一方面家長也有機會可以深入地觀察師生、同儕互動的眞實狀況。而當孩子準備好的時候，他就會告訴你「我想上學」了。

如果幼兒園說家長在學校進出，會讓孩子受影響，那我們建議，去找另一間說「歡迎家長自由進出」的幼兒園吧。

四、不要為了讓自己有時間，把孩子送進幼兒園

「全職帶小孩很辛苦耶。」我同意，上班比帶小孩輕鬆多了，因爲我在十年的奶爸生涯當中，有和老婆換手過一年，那簡直是自由自在的一年時光呀！但是「欠孩子的，總是要還的」，當孩子的依附沒有健康地滿足時，那麼放學後的討愛情節，可能會耗盡你白天放鬆、放空的能量，最後每天晚上都要用「黑臉」來鎮壓孩子，然後陷入親子關係的惡性循環。

兩歲以前的孩子，因爲有很多的行爲和能力都需要大人協助，所以照顧起來的確會花費很多的時間和心力。但如果從出生後，就懂得「讓孩子教你如何教他」，在生活能力上放手、在心理情感面滿足，那孩子很快地就會展現自己獨當一面的能力，就算是全職父母，也會有很多自己的時間了。

至於上班的父母親，反而會需要善用下班和假日的時間，不要再幫孩子排課程，帶孩子去任何地方走走看看，甚至就拿一塊野餐墊、找一塊草地、帶一顆球，就可以相處一整天了。

趁學齡前「父母的賞味期限」還沒到時，多累積「親子存款」吧，這在小學之後可是父母最重要的影響力來源呢。

學習挑戰（四）

和孩子一起跟大自然做朋友

之前接受兩本雜誌的採訪，不約而同地都問到如何讓孩子願意親近大自然、跟大自然做朋友。總結來說，我認爲最有效的三個方法（三個都要同時存在）就是：給空間、給時間、父母先示範。

如果在兩年前就認識我的家庭，應該都知道當時的我，是一個很怕泥巴、很怕昆蟲、很怕大自然的爸爸。在當全職奶爸的前三年，我也以「孩子還小」做爲給自己的藉口，於是孩子沒有什麼接觸泥巴、昆蟲、大自然的機會。直到哥哥快四歲、弟弟快兩歲的某一天，我們走在剛下過雨的大安森林公園中，兩個孩子因爲鞋子上沾到了泥巴，而鬧著說鞋子好髒，他們不要穿鞋子。

這句話就彷彿奧運鐘響一般，我才猛然發現，我自己的恐懼，在不經意間，已經全然地複製到了孩子身上。我開始回頭想這三年的過程，的確我把大自然跟孩子之間，豎起了一道道的高牆。

下雨天：不可以玩水，會感冒！

泥巴地：不要去碰，很髒！

落葉堆：裡面會有蟲，不要碰！

看到昆蟲：我先帶頭尖叫落跑……

可是我卻又很認同，人是屬於大自然的一分子，人類是不能和大自然分開的，認識自然的人不會無聊等理念和說法。我當然不希望孩子跟我一樣，活到三十多歲，還怕泥巴、怕昆蟲、怕大自然呀，於是我改變了我的做法。

下雨天，我說：「去玩水呀。」但孩子回答：「不可以，會感冒！」

泥巴地，我說：「去玩泥巴呀。」但孩子回答：「不可以，很髒！」

落葉堆，我說：「去玩落葉呀。」但孩子回答：「不可以，裡面有蟲！」

看到昆蟲，我說不出話，還是落跑……

脫掉鞋子，豁出去吧！

原來父母只出一張嘴是完全沒有幫助的，因爲孩子也跟著有樣學樣地出一張嘴。改變，是需要勇氣、決心、和一群人的。於是我揪了十個家庭，一起從最接近都市的自然：大安森林公園開始。

我記得第一天是個風和日麗的好天氣，我們帶了很大的野餐墊，帶孩子在草地上跑跳玩耍。我也才發現，有孩子連乾燥的草地都不敢踏上，原來都市孩子跟大自然的疏遠，不是只發生在我們家。

玩了一陣子之後，孩子的鞋似乎有沙子跑進去，果然又跟之前沾到泥巴一樣，孩子鬧著說他們不要穿鞋子了。

「太好了！」我心裡想，並說：「不然把鞋子脫掉吧。」才天眞地以爲孩子可以自在地赤腳在草地上奔跑跳躍了，不到兩分鐘，孩子又回來了。

「草好刺喔，我要穿鞋子。」

我知道我再說什麼都不對，因爲鞋子有沙，他們不想穿，但不穿鞋子，草地又很刺，我說什麼只會讓自己陷入兩難的困境而已。

「豁出去吧！」我心裡想，於是跟孩子說：「不然我陪你們脫鞋子，看看不穿鞋子是不是跑得更快？」

孩子聽到可以陪他們玩，什麼不舒服的感覺都不見了，不過我脫了鞋子後，才知道草地還眞的很刺。

我們用了半年的時間才踏出第一步，接著又花了一年的時間，我跟孩子一起認識了昆蟲、一起和大自然做朋友。然而，觀察其他家庭的模式，卻看到了反而離大自然愈來愈遠的警訊。

很多家庭和孩子平常沒有接觸自然的機會，好不容易帶孩子到了大自然，父母很習慣性地找了一個陰涼的大樹或涼亭，就叫孩子自己去玩。然後不出五分鐘，習慣在都市、科技、聲光生活的孩子，就會大喊好無聊了。有的父母就拿出了手機或平板；有的父母扳起了臉孔，覺得孩子很不識相；有的父母指著旁邊自在的孩子，要自己的孩子跟別人學著點：「你看○○○都不怕，你怎麼都不敢碰？」

父母的反應，決定了孩子是願意接近大自然、還是遠離大自然。這就是我強調「給空間、給時間、父母先示範」三者缺一不可的原因了。

一、給空間：經常帶孩子到自然的環境，森林公園、自然步道、山上海邊。

二、給時間：同理孩子的恐懼和排斥，這次不行，換個環境再試試看，絕對不要拿孩子跟別人比較。

三、父母先示範：捲起袖子、撩起褲管、脫掉鞋子，跟著孩子一起在大自然裡遊戲吧。

其實父母不用刻意設計活動，當我們願意陪伴孩子遊戲時，孩子就會成爲創意遊戲設計師。

學習挑戰（五）

十歲學會騎腳踏車的教養啓發

展賦自學團的旅行課安排前往新店河濱騎腳踏車，不會騎兩輪車的綠豆和粉圓，選擇租借有輔助輪的童車，但儘管座椅調高，對已經長高長大的他們，就像是大人騎小車般相當吃力，果然出發後沒多久，他們就遠遠落後隊伍。身兼老師和家長雙重身分的我，當下相當心疼，但我知道這是孩子必須面對的自然結果，我不能剝奪這次機會，也不能承接這樣的結果。

抵達陽光運動公園時，綠豆癱坐在草地上，面對身旁的滑梯與同儕，他選擇不要去玩，而是保留體力給回程。只是回程比去程更不順利，或許因爲有上坡路段、或許肌肉的負荷已到極限，綠豆再也無法踩下踏板，他決定要一路牽車回到租借站。而展賦的同學讓我最感動的，除了有一位同學自願陪綠豆一起牽車走路外，當我們終於回到租借站時，等待許久的同學們不但沒有抱怨，反而給了落後同學英雄式的歡呼。

「先育後教」的理想眞的實現了。

曾經，我們有鼓勵他們將輔助輪拆掉，練習騎兩輪的腳踏車，但當時他們很害怕會跌倒，所以後來也就不了了之。這回看起來時機成熟了，因此當下我就問綠豆和粉圓，要不要再試試看？他們異口同聲地答應了。

上週我們拆掉了輔助輪，由粉圓先開始練習，但由於一點不平衡，粉圓就會趕快把腳放下來，因此最後並沒有成功學會騎兩輪車。而當時陪綠豆牽車走路的同學，在那天下午學會了。

這週換媽媽出馬，帶綠豆下樓練習，我想藉由異性親子關係的存款加持，說不定孩子會更有勇氣和信心。大約一小時後，我接到電話，綠豆請我下樓看他，因爲他學會騎兩輪車了。

過程中，綠豆跟媽媽說：「妳可以放手讓我自己來。」然後一次一次嘗試、失去平衡、車子翻倒、跌倒、無法起步……最後，可以騎直線也可以轉彎了。看到這樣的畫面，除了替孩子感到興奮之外，內心百感交集，經過一整天的沉澱，我才了解，原來十歲才學會騎腳踏車的綠豆，正是反映了我們對於教養的態度與堅持呀。

相信、陪伴，不比較

我整理了幾點當天對我自己的教養啓發，也和大家分享：

一、無需和別的孩子比較

應該是從綠豆三歲左右，身旁就已經有會騎兩輪腳踏車的孩子了，曾經我也會心急，甚至猜想綠豆粉圓是不是平衡感有問題，但後來我們開始了解展賦的教養理念，知道每個孩子都是獨一無二的，不需要拿自己的孩子和別的孩子比較，因爲人比人只會氣死人，就像我在父母學堂中，總會有爸媽羨慕別人家的孩子吃飯很快，然後對方則羨慕可以細嚼慢嚥的孩子。

我們應該看到孩子所擁有的，而不是看到別人擁有而自己孩子沒有的。

二、不用在意別人怎麼說

兩年前，我們在華江碼頭租腳踏車，沿路上總會遇到「關心」的路人，問綠豆和粉圓怎麼還在騎四輪的車呢？然後「溫馨」地給予孩子建議，要孩子趕快學會騎兩輪車。

其實從我決定離職回家當全職奶爸，到太太辭去鐵飯碗的教職，然後孩子不上幼兒園、不上小學、進入自學團體……一路上也得到很多人的關心、以及不少的擔心，還好我們始終相信自己、堅持理念，雖然過程難免辛苦，但回頭看這十年，仍然會覺得非常值得。套用五月天《將軍令》的歌詞：「他們說，就讓他們去說。」只要家庭成員彼此有共識，就堅持下去吧。

三、相信並支持孩子的恐懼

曾經我也是認為「男子漢大丈夫」，有什麼好害怕的？後來我開始面對自己也是有所恐懼的，像是怕高、怕辣、怕死……我就可以體諒比我們幼小那麼多的孩子，一定會有害怕和恐懼的。當孩子願意和我們分享他的恐懼時，他最不想聽到的，就是父母回應：「這一點都不可怕。」因為這樣不但沒有同理孩子，還嘲諷了孩子一番。

因此當孩子告訴我們他害怕什麼的時候，相信他、支持他，如果可以，找到自己生命經驗當中，與孩子恐懼類似的故事，說給孩子聽吧。

四、創造環境、等待時機，不用刻意訓練

從小我們就堅持不用刻意訓練，因此若以「坊間的標準」來看，綠豆粉圓不用尿布的時間比別人晚、自己單獨睡覺的時間比別人晚，當然，學會騎兩輪車也比別人晚。

我們做的，是創造適合的環境，像當年我們就選擇六月天氣回暖後，買了幾條吸水的學習褲讓孩子換上，讓孩子自己對想上廁所的感覺有所感受後，就陪伴他、等待他自然而然地脫離尿布。自己單獨睡覺也是，我們先讓孩子有自己的空間，可以在裡面玩遊戲，接著等待孩子開口，也就自然而然地分房睡了。

刻意訓練的方法，對部分孩子有效，因為可能時機點剛剛好。但也有可能在時機未到時，反而增加了親子之間的衝突，甚至用威脅處罰的方式訓練孩子，那麼所造成心理的挫敗，絕對是得不償失的。

五、該放手就要放手

剛開始練習騎車，我們扶著孩子的身體，接著扶著坐墊，當速度變快後，我們就要放手了。跟孩子的成長好像呀。六歲之前，我們牽著孩子的手、擁抱著孩子轉圈，雖然全職陪伴他們長大，但還是感覺時光飛逝，他們開始自己上下學、自己買午餐、自己搭配衣服、自己運用零用錢、自己規畫旅遊行程……我們必須放手，然後退後一步，微笑看著孩子，面對他的人生與未來。

千萬不要把孩子會做、能做、該做的事，又攬回自己身上了，如此的「反依附」對孩子的獨立性格是很傷害的，而媽寶、寶媽也就是這樣開始的。

六、持續給予鼓勵

孩子愈來愈大，父母的角色就像是從教練改變成爲啦啦隊長，孩子有他的判斷與決定，只要沒有太嚴重影響的狀況下，讓孩子嘗試他的判斷、採行他的決定，然後他會面對到自然結果，唯有體驗自然結果，才能累積成爲經驗，然後成爲下次判斷和決定的依據。

我們能做的，就是幫孩子加油打氣，用具體的描述回饋給孩子，用拍背、擁抱、比個大拇指，讓孩子知道我們始終支持著他。

七、欣賞孩子的成就，即使它很小

以大人的能力和技巧，孩子要在短時間超越是很困難的，因此我們要提醒自己，不要用大人的標準去看待孩子的表現，而是可以從孩子自身的進步中，和孩子一起發掘隱藏在其中的成就感。即使只是小小的成就，對孩子來說都可能是大大的躍進，欣賞它、肯定它、鼓勵它，孩子將更能夠悅納自己，也更有勇氣往下一階段挑戰。

八、受傷了，不用急著安慰

騎腳踏車沒有不跌倒的，就像人生的路上，難免會受傷。不用急著安慰孩子，而是靜靜地陪伴他，觀察孩子需要的是什麼？孩子從過程中，找到療傷的方法，而不用寄託於父母身上。當然最重要的，是孩子受傷不會換來一頓責罵或嘲諷，否則孩子受傷還要故作堅強時，我們反而會失去了及時幫助孩子的機會。

在手足的良性競爭下，後來下樓的粉圓，不到三十分鐘，也就學會騎兩輪車了。可惜天色已晚，不過孩子已和我們相約，下週末要挑戰戶外路線囉。

學習挑戰的重點

*上才藝課不是玩、買玩具給孩子是不夠的，要讓孩子有大量的時間、豐富的空間、優質的玩伴、多元的內容。

*「聽覺」風格強烈的孩子，很需要聊天或討論的時間，藉由聽與說的過程，孩子能更有效地吸收所學；「體覺」風格強烈的孩子，很適合行動學習的方式，最好能夠實際觸摸、或有延伸的手作活動，會很適合他們。

*我們談的「規矩」著重「思辯」，是讓孩子逐步練習「做自己的主人」，對自己的身體有感覺，對自己的情緒有感覺，然後可以掌握自己的作息。

*父母的反應，決定了孩子是願意接近大自然、還是遠離大自然。「給空間、給時間、父母先示範」三者缺一不可。

*當孩子告訴我們他害怕什麼的時候，相信他、支持他，如果可以，找到自己生命經驗當中，與孩子恐懼類似的故事，說給孩子聽吧。

＊千萬不要把孩子會做、能做、該做的事，又攬回自己身上了，如此的「反依附」對孩子的獨立性格是很傷害的，而媽寶、寶媽也就是這樣開始的。

金錢挑戰（一）

從零用錢啓動理財教育

零用錢幾歲開始給？該給多少？是否做爲獎勵的工具？孩子表現不好要扣錢嗎？零用錢要和家事有關嗎？孩子拿到零用錢就把它花光怎麼辦？父母還要買零食嗎？……

關於零用錢的議題，每次親子講座與課程都會有家長詢問，而且眾說紛紜。

回到零用錢的根本：金錢價值觀。這的確是人人不同、家家相異，因此我們提供的建議，父母還是要依家庭的現實狀況略做調整。

我們認爲：金錢，是生活的一種工具，而工具本身沒有好壞、沒有對錯；就像刀子，妥善運用是廚藝利器，錯誤使用就變成殺人武器一樣。我們要和孩子一輩子練習的，是如何去妥善運用金錢這項工具。

玩具壞了，是修理還是買新的？東西掉了，是陪伴孩子面對結果，還是立即添購？旅遊次數的多寡、住宿飯店是高級或平價、父母用品是名牌或普通、車子的品牌、房子的地段……每天的生活與環境，父母都在無形之中傳達自己的金錢價值觀給孩子；而同儕、學校與社會，也無時無刻不在傳遞混亂又複雜的訊息。與其被動等待孩子遇到了金錢的困境才善後，我們建議父母盡早陪著孩子面對「金錢價值觀」的議題。

首先，父母需要先釐清自己的金錢價值觀，並且檢視家庭的收支狀況，然後依孩子的年齡、使用孩子聽得懂的語言，向孩子「眞實」說明父母的金錢價值觀、收入來源與方式、支出內容與項目，千萬不要對孩子隱瞞或說謊，因爲孩子比我們想像的更敏銳、更會觀察，父母的隱瞞或說謊，只是讓孩子不信任父母，而這是親子關係最嚴重的危機。

如果可以，帶孩子前往父母的工作地點待個半天，讓孩子感受父母的工作內容。而父母進行消費、儲蓄、捐款的過程，都可以帶著孩子一起參與，也可以帶孩子一起前往開設銀行帳戶。孩子在六歲以前，盡量在孩子面前使用現金交易，也可以讓孩子幫忙付錢和找錢；孩子六歲以後，可以搭配如悠遊卡，讓孩子認識儲值卡、提款卡、信用卡等塑膠貨幣。

三歲開始，每週「年齡×十」元

零用錢，對父母和孩子來說，有兩大核心意義：

一、分享

每一個孩子，都希望父母可以用全部的時間、心力陪伴著他長大；但現實上，父母必須要工作以換取報酬。很久很久以前，父母外出打獵、下田耕種以換取食物，然後人類社會逐步演化至今，發明了金錢，取代了以物易物的交換模式。

過去打獵的獵物、耕種的作物，父母一定會和孩子分享；同樣的道理，現代父母工作賺的錢，除了供應全家人衣食無虞之外，也可以藉由零用錢的方式分享給孩子。在分享的核心意義下，全家人的金錢就是一個共同體。曾經有家庭因爲失業沒有薪水，這時孩子的零用錢就會暫停，因爲孩子了解零用錢的來源是父母薪水的分享，因此很自然地和父母一起共體時艱。

二、教育

因爲金錢是人類發明的工具，而工具的使用都需要經過學習，因此沒有孩子天生會用錢，孩子也很難單純藉由口語教導就學會用錢。所有的工具，都唯有在孩子實際運用之後，才是學習的開始。因此零用錢就是孩子學習使用金錢的第一步，我們建議所有的父母——也包括我們自己家——從三歲就可以讓孩子擁有零用錢，並且實際地運用。

零用錢的多寡，也和父母薪水高低有關，並沒有標準答案。我們建議的金額，是依「孩子的年齡×十元」即爲「每週」的零用錢，例如：三歲的孩子，每週的零用錢就是三十元；六歲的孩子，每週的零用錢就是六十元。

零用錢的金額與年齡成正比，是考量孩子年齡愈大，管理金錢的能力與複雜度也可以愈好，我們建議三歲起即可開始發零用錢；而每週發放一次，是讓孩子可以從短期預算與收支開始練習。

當孩子擁有了零用錢，就有很多運用的可能性，有的時候會讓父母哭笑不得，有的時候又讓父母覺得孩子很會精打細算。無論任何的方式，只要孩子願意在父母面前眞實地展現，就是父母可以運用影響力教育孩子的時機，千萬不要過度禁止或限制孩子運用「他的」零用錢（是的，當零用錢從父母手上交給孩子後，就是「他的」錢了），因爲會讓孩子的行爲轉往地下，不讓父母知道，父母反而失去了影響力。

常見Q&A

有了以上兩大核心意義後，我們再來談父母常見的疑問：

Q：零用錢可以做為獎勵的工具嗎？

A：所有的獎勵工具，都只是讓孩子原始的內在動機，轉向追求外在的獎勵，不僅會膨脹孩子對於物質的欲望，孩子還會愈來愈貪得無厭。因此零用錢（與其他的物品）都不適合做爲獎勵的工具。孩子需要的是父母的肯定與鼓勵，有時一個眼神、一個擁抱，都勝過獎勵的金錢和獎品。

Q：孩子表現不好可以扣零用錢嗎？

A：從工作的角度來看，如果我們表現不好，公司扣薪水似乎是一種常見的手法。然而孩子不是父母的員工，父母也不是孩子的老闆，如果採用扣零用錢的方式，等於是和孩子宣告地位的不平等，逼得孩子必須和父母開啓權力鬥爭的戰場，最終反而是兩敗俱傷。換個角度來想，孩子表現不好，你會讓他不要去上學嗎？零用錢也是教育的一環，因爲各種原因而減少、取消，豈不是很可惜嗎？

Q：零用錢要和家事有關嗎？

A：我們要先來定義家事：全家人一起的事。因此和零用錢相同，也是一種分享的概念。從孩子一歲起，就可以和孩子一起做家事，先鼓勵孩子參與，別急著要求孩子家事的品質。粉圓一歲時幫忙剝菜葉，雖然掉在地上的菜比在桌上的還多；綠豆兩歲時幫忙摺衣服，雖然有摺跟沒摺差不多。但這樣的家事參與，會讓孩子產生對家庭的貢獻和自我的能力，很自然不需要額外的胡蘿蔔（獎勵）來勾引孩子參與家事。

零用錢和家事掛勾在一起，應該是從我們小時候就有所謂的專家這麼建議，但是和獎勵的後果相同，初期或許有效，但很快地孩子就會乏味，這時父母又得提高金額，然後就陷入物欲永不滿足的負面循環。

Q：孩子拿到零用錢就把它花光怎麼辦？

A：很正常，所有的工具到手後，第一步的學習都是去「用」它。曾經綠豆粉圓拿零用錢去買六十元的扭蛋，扭蛋的內容物是一隻很精緻的動物公仔，對我來說價錢是過高的，看著他們一週買一顆，我雖然感到心痛，但事件發生的當下並不是教育最好的時機，甚至需要累積一些時間與經驗，因此我等到一個月後的家庭會議提出我的困擾。

「我覺得這個動物公仔很貴耶。」我和孩子說明我的感受。

「我們覺得還好耶，因爲我們會一直玩，拿它來畫畫、幫它蓋房子，而且可以玩很久呀。」綠豆粉圓向我說明他們的感受。

也的確，在這個月當中，這幾隻動物公仔被玩到極致了，相較於其他上百元的玩具，CP質似乎眞如孩子說的一樣高。

後來或許是孩子玩夠了，也或許是孩子開始買到重覆的公仔，有一天晚餐，孩子忽然告訴我：「我發現一顆扭蛋，可以買到兩碗加滷蛋的滷肉飯耶，這樣比起來眞的還滿貴的。」那陣子他們很愛吃滷肉飯，我們也習慣讓孩子幫忙買單，當孩子從內心產生了價值與價錢的天平時，也才是屬於他們的價值觀，那天之後，他們就沒有再買扭蛋了。

Q：孩子有了零用錢後，父母還要買零食嗎？

A：這要從心態出發，孩子有了零用錢後，不代表父母就要在其他地方變得吝嗇，因此家裡基本的食衣住行，仍然可以由父母做主要支出，也可以和孩子約定共同採買的

時間，和孩子一起規畫基本的預算，超出預算的部分，孩子就可以選擇是否要用自己的零用錢支付。

只要記得零用錢具有「分享」和「教育」兩大核心意義，不要變成父母控制孩子的工具，面對愈來愈複雜的金錢議題，父母就可以陪伴孩子一起用智慧去面對。

金錢挑戰（二）

從壓歲錢建立長期財務計畫

壓歲錢，應該是每個孩子過年最期待的事情之一吧。

但要先叮嚀現代的父母，孩子所身處的時代，已經和我們小時候不一樣，不能用「呼嚨」的方式對待囉。如果壓歲錢屬於孩子，就明白地跟孩子說，然後可以參考這篇文章，和孩子進行長期的財務計畫。如果壓歲錢不屬於孩子、或部分不屬於孩子，記得要在過年前就和孩子說明，讓孩子理解父母的「苦衷」。千萬別跟孩子說「幫你存起來」，然後過一陣子孩子問父母：「我的壓歲錢呢？」父母又支吾其詞。一定要「說話算話」，別爲了壓歲錢賠上了親子之間的信任感。

對孩子來說，金錢除了收入、儲蓄、消費、捐贈之外，還多了一層教育的意義。我們認爲讓孩子從三歲開始接觸「眞正的」金錢，並且在過程中建立父母和孩子對於金錢價值觀的「共識」，絕對是現代家庭要列爲必修的課題之一。而壓歲錢和零用錢，雖然都是「錢」，但兩者的來源和目標卻很不相同。

零用錢是基於父母工作賺錢，將多餘的、或規畫預算與孩子「分享」，以每週固定金額的方式讓孩子領取。適合用於平時的消費，或固定比例的儲蓄和捐贈之用。而壓歲錢則是長輩、親朋好友之間，帶有祝福涵意的禮物，通常來說累積的金額是很高的。也因為壓歲錢是一年一次、金額又很高，很適合帶領孩子進行一年的財務計畫。別錯失了這次機會，而讓孩子一次「揮霍殆盡」呀。

四個面向與孩子好好「談錢」

以我們家和孩子的長期財務計畫，大致會分為：旅行、玩具、學習、金錢價值觀四個面向。

一、旅行

每年我們大約都有二～三次的家庭旅行安排，過程中孩子會有購買紀念品、或是額外餐點的需求，或是部分由孩子安排的行程，都會有額外較大筆的支出。除了可以和孩子討論年度家庭旅行計畫之外，也可以帶孩子規畫相關的預算，從壓歲錢當中提撥一定比例做為旅行基金使用。

二、玩具

隨著孩子愈大，對於玩具的選擇也就愈多，我們不鼓勵父母把孩子玩具的需求無限膨脹，而是和孩子共同討論他的興趣和能力，選擇孩子喜歡、也適合的玩具。例如：近幾年臺灣本土出版、或是從國外引進的很多款桌上遊戲，價錢不是零用錢可以支付的，因此可以從壓歲錢當中提撥一年採買玩具的金額，分不同的月分或季節添購新的玩具。

三、學習

對三～七歲左右的孩子，能夠實際看到錢、數到錢，他們才有感覺。七歲之後，則可以帶孩子到銀行或郵局開立帳戶，讓孩子自行完成存款的過程，之後若有提款的需要，也可以帶孩子體驗提款機和臨櫃提款。從小就有存款、提款的經驗，孩子知道錢的流動過程，就不會再誤以爲只要去提款機插卡就有錢跑出來了。

四、金錢價值觀

除了金融方面的學習之外，金錢價值觀的教育和學習更爲重要。有的孩子會去比較親朋好友包的紅包金額，甚至影響自己對於他人的喜好程度；有的孩子則會和手足同儕比較誰的壓歲錢比較多，比別人多就沾沾自喜，比別人少就黯然神傷；有的孩子拿到壓歲錢的第一個念頭，就是一次將它花完；有的孩子則是一毛都捨不得動用……

從孩子的行爲，可以觀察到孩子「當下的價值觀」，如果和家庭的金錢價值觀有所衝突，則需要召開家庭會議和孩子進行討論和溝通。當然，家長也可以藉由過年，來釐清自己的金錢價值觀，說不定最愛與別人相比較的，正是家長本身呢。

一年一次的過年、一年一度的壓歲錢，正是父母和孩子「談錢」的最好時機，掌握以上要領，讓孩子從小擁有健全的金錢價值觀吧。

金錢挑戰的重點

＊千萬不要過度禁止或限制孩子運用零用錢，因為會讓孩子的行為轉往地下，不讓父母知道，父母反而失去了影響力。

＊零用錢具有「分享」和「教育」兩大核心意義，不要變成父母控制孩子的工具，面對愈來愈複雜的金錢議題，父母就可以陪伴孩子一起用智慧去面對。

＊壓歲錢是一年一次、金額又很高，很適合帶領孩子進行一年的財務計畫。

手足挑戰（一）

當哥哥姐姐好辛苦？當弟弟妹妹好幸福？

曾有家長和我分享他和孩子的對話：

我今晚有感而發地對哥哥說：「你們當哥哥姐姐的都好辛苦哦。」哥哥很同意地張大眼睛、用力點頭，跟我說：「當小的都好幸福哦。」我說：「眞的齁，那你就當弟弟，妹妹就當姐姐。」妹妹也很配合地過來說：「我是姐姐。」

或許因爲自己是哥哥、排行老大，也或許是教養綠豆和粉圓的經驗，讓我對於有兩個孩子以上的家庭關係、手足互動，總是特別有感覺。因爲當時我發現自己對於綠豆哥哥和粉圓弟弟兩個人，其實存在著潛藏的期望與假設：我很自然地把綠豆哥哥期望成很大、很成熟、很懂事、很獨當一面；然後把粉圓弟弟假設成很小、很無助、很脆弱、很需要呵護。

有一段時間，綠豆很不喜歡粉圓，很容易對粉圓生氣，甚至出手推擠。當時的我很容易因爲這樣的狀況對綠豆發脾氣，然後對他說：「你是哥哥，力氣那麼大，怎麼可以推弟弟呢？弟弟不懂，你要讓他呀。」之類的話。

後來認識了阿德勒的「家庭星座」，才理解當時綠豆的脫序行爲，其實是他的「求救訊號」，希望爸媽可以看到他的內在需求，提供適時、適度的協助。

阿德勒的「家庭星座」

阿德勒認爲家庭是塑造性格的最重要場所，藉由父母間、親子間與子女間的互動方式，構成一個獨特的家庭環境與氣氛。而每一個角色，就像是天上的星星一般，因爲位置與遠近的不同，形成獨特的「家庭星座」。

家庭星座對孩子發展的影響是動態的，孩子和家人互相影響著彼此的行爲和反應，而家庭環境也會隨著時間和事件有所變化。孩子對自己在家庭星座中的位置感受是主觀的，端看孩子自身對經驗的解釋。有些孩子的感受是愉快的，有些則否，這些主觀的印象是其人生態度的基礎。

其中阿德勒特別強調「手足關係」及「出生序」的影響，界定出五種心理地位：長子女、次子女、中間子女、老么及獨子，以及可能發展出的人格特質。

家中排序	人格特質
長子女	當長子女是家中唯一的小孩時，通常可以獲得最好的照顧，倍受寵愛，因此可能傾向於依賴父母。但當另一個孩子加入這個家庭時，會使他們感到不安，卻有助於使他們更了解權力與地位的重要。種種經驗，使長子女比較會保護、關懷別人，但也容易有依賴、權威、保守與悲觀的個性。
次子女	從一出生便要與存在的另一個孩子分享父母的愛，所以常表現出競爭與上進的行爲，想超越老大，甚至會在老大的弱處發展相對的高強能力。所以次子傾向於力爭上游、較不保守、對未來有希望、較具競爭性、社會行爲較易發展等特質。若以後有弟妹出生，次子會有中間子女的特徵，否則他將兼具么子的性格。

中間子女	由於前有標竿（長子女），後有追趕者，中間子女常有壓迫感，較會發展出自憐自悲的個性，人際關係不佳，也有可能成爲問題兒童，或者進入另一個領域以尋求對其重要的事物。然而，若是在衝突不斷的家庭中，中間子女卻可能成爲家中樞紐者或調解人。
么子	么子常是家中的寶貝，驕縱、被過度保護。由於所有的孩子都比他大，因而常有「我是家中最小的」、「我是需要與許多人競爭的」、「我的生活是由別人替我塑造的」等想法，所以常想要有所突破，做出一些令人想像不到的事以建立地位。
獨子	獨子一直都是注意力的中心，倍受保護。因無手足，故較難習得與人分享與合作的能力，但可學會與大人相處的方式。獨子會有部分是長子的性格，也有么子的特徵。獨子常會是一個過度自我中心、過度依賴、固執、焦慮、尋求注意的人。

愛無法公平，但不會減少

因此後來我們「從外而內」地做了一些調整與改變：

一、稱呼孩子的姓名，而不以哥哥姐姐、弟弟妹妹稱呼孩子

藉由口語的改變，讓爸媽自己和孩子本身，感受到自己是獨一無二的個體，逐步放下對於兄弟姐妹「稱謂」的既有印象。

二、邀請所有家人，一起拒說「你是哥哥姐姐，所以應該怎麼樣」的語句

我們相信孩子有向上、向善的本能，哥哥姐姐其實很清楚他們應該怎麼樣，他們不做並不是因爲他們不知道，而是他們也有需要被滿足的需求。

三、安排一週至少一次的親子單獨約會時間

可以爸媽一起，或是其中一人，在弟弟妹妹有人照顧的前提下，和哥哥姐姐「單獨約會」。會用約會來定義，是因爲在過程中雙方都感到快樂，或許是去孩子想去的地方，也或許是陪大人做好玩的事情。

四、大量給予孩子肯定與鼓勵

每天至少照三餐，看到孩子的優質行爲，無論是他個人的、或是手足關係的，給予孩子肯定與鼓勵（這個做法對家中的任何一個成員都很有益，但要留意鼓勵與讚美的區別，也不要淪爲另類的期望控制法）。

五、區分玩具的所有權

我們在客廳規畫了兩處玩具角，讓屬於個人的玩具放在自己的玩具角內，由自己負起保管和整理的責任，並且擁有能否讓別人一起玩的權力；另外還有一處公用玩具角，比較大型或只有一組的玩具，就由爸媽保管。

六、建立一起玩的共識

兄弟要一起玩，基本的前提是要「開心快樂」，如果有人不開心、不快樂了，就需要暫時分開，回到自己的玩具角，等到雙方都覺得情緒調整好，可以再一起玩，就再一起玩。

七、冷處理手足之間的衝突

盡可能讓手足的互動是愉快的，但當手足產生衝突時，爸媽要避免自己擔任「裁判」的角色，或甚至直覺地認爲哥哥姐姐應該要讓弟弟妹妹。除非親子關係、手足議題已經到了很嚴重的局面，不然就算手足有肢體上的衝突，爸媽在當下都可以選擇不要介入（通常不會有太嚴重的傷害，而弟弟妹妹也沒有大人「想像中」的柔弱）。可以運用家庭會議的時間，和孩子聊爸媽的感受，如：「你們兩個人都是爸媽最愛的孩子，當你們有衝突時，爸媽是很心痛的。」然後由全體家庭成員一起尋求解決方法。

八、放棄當一位「公平」的爸媽

餅乾買了兩份、玩具買了兩組、衣服也買了兩套，爲什麼孩子還是覺得爸媽不公平？接受現實吧，孩子在乎的，從來不是外在的物質，而是覺得爸媽愛別人多一點。但因爲親子的愛是無法被「量化」的，既然無法量化，自然無法公平。我們要不斷地讓孩子知道：「我愛哥哥姐姐、我也愛弟弟妹妹；我愛自己、我也愛另一半、我也愛自己的爸媽……而我的愛，並不會因爲家庭成員變多，而被分掉。」

但因爲愛的感覺是主觀的，是由「接受者」來認定的，所以除了爸媽用語言、用肢體表示對孩子的愛之外（不要用金錢或物質），也可以和孩子討論：「我可以怎麼做，讓你知道我是愛你的？」

手足挑戰（二）

讓父母頭疼的哥哥和心疼的妹妹

雖然綠豆粉圓兩兄弟，已經讓我的生命有夠豐富，但和孩子有男有女的家庭一起出遊時，總還是不自覺地感到一絲絲羨慕。最近認識了幾個新家庭，都是有兩個孩子，而排序是哥哥和妹妹。不同的是，有的相差兩歲，有的相差四歲，有的則相差到快十歲。共同的是，父母總是對哥哥很頭疼，然後對妹妹很心疼。

「好動、坐不住、會動手搶東西、會動手打人、不想上學、跟老師頂嘴、父母被學校約談……」父母細數著哥哥的「罪狀」。但父母對哥哥愈是煩惱與焦慮，哥哥的負面行爲就愈層出不窮。

「怎麼辦？」每對父母都問我。

「先找出哥哥的優點，無論大還是小，每天至少給予一次鼓勵（我們稱之爲窩窩心時間），沒有次數的上限。」我說。

「蛤？哥哥的優點？」父母抓著頭。

「是啊，我們相信會展現不良行為的孩子，其實是受挫和氣餒的孩子，」這四年推動優幼親子團的經驗，讓我更加相信，「孩子都不是故意的，他們只是想要被愛、被接納、被關注而已。」

「我們很愛哥哥呀，沒有偏心，」父母趕緊說明，「妹妹幾乎都撿哥哥用過的，而妹妹有的，哥哥也都不會少呀。」

停止比較，看到孩子的個別差異

很多父母還不了解，被愛、被接納、被關注，是一種心理層面的感受，不見得可以用物質去替代，於是我們在親子團的互動當中，陪著父母一起去尋找、去看到。

哥哥和妹妹互相揮著樹枝，哥哥一不小心打到妹妹，妹妹哭了，媽媽抱起了妹妹，然後怒目對著哥哥。妹妹想要吃哥哥的早餐，媽媽說「分妹妹一口」；哥哥想要吃妹妹的早餐，媽媽說「你自己有，不要搶妹妹的」。

「為什麼妹妹可以乖乖的，你就要一直動來動去？」媽媽忍不住念了哥哥。

「妹妹都可以自己做，為什麼你不行？」這也是經常出現的話。

「好可愛喔！」朋友對於妹妹的打扮，以及如天使的笑容，忍不住給予讚美，卻忽略了在旁邊穿著隨意的哥哥。

甚至和一些媽媽深談之後，媽媽才驚覺，自己對於妹妹有著同為女性的貼心，卻對於哥哥，或許因爲不了解、或許因爲投射某些對另一半的不滿，不自覺地看不順眼。孩子，尤其是學齡前的孩子，有著很敏銳的觀察力和感受力，卻只有很弱的解讀能力，因此這些「潛在」的手足比較，就一步步地把哥哥「逼」向了不良、負面、叛逆的另一端。

「怎麼辦？」父母還是這樣問我。

我的建議仍然沒變，先從「鼓勵」著手，如果還不懂得鼓勵和讚美有什麼不同，至少先從「具體的讚美」開始做起。但要留意，別將鼓勵變成了控制孩子的工具，當孩子減少了一些讓父母困擾的行爲，不要急著把標準拉高，因爲孩子此時還是很脆弱；還是不太相信自己是好的。持續地鼓勵孩子，然後開始和孩子單獨約會，接著找出孩子的興趣和優勢，加以放大。孩子被愛了、被接納了、被關注了，就不再需要用不良行爲來證明自己的存在了。

當然，因爲地位的改變，原本天使的妹妹也有可能「誤會」而改採惡魔行徑，試圖找回自己的地位。但不要擔心，同樣給予妹妹鼓勵、單獨約會、放大興趣和優勢。當明顯的手足比較、潛在的手足比較都不復存在，而是看到孩子的個別差異，讓孩子發揮自己的興趣和優勢時，自然激發的，就是孩子向上、向善的本能了。而這樣的做法，不只是哥哥妹妹的組合適用，任何有兩個孩子以上的家庭，都適用；我們對於綠豆和粉圓，也是這麼做的。

手足挑戰（三）

和孩子單獨約會

原來很多兩個孩子（以上）的家庭，還不太了解「和孩子單獨約會」的重要性。

對於有兄弟姐妹的孩子來說（尤其是老大），都會擔心爸媽的愛被另外的手足瓜分，加上手足難免有相互較勁的潛意識在其中，因此在互動上，很容易用衝突來吸引爸媽的關注，長期下來，孩子會誤以爲這樣的關注就是愛的一種（但事實上並不是，反而會造成親子關係的損傷）。

尤其對於手足有一個去上學、而另一個是由爸媽全職照顧的家庭來說，上學的孩子更容易胡思亂想（有時候在家的那個孩子，還會加油添醋），以爲爸媽在家跟弟弟妹妹好幸福、好幸福。所以放學後，上學的孩子就想要用各種方式，引起爸媽的關注（如果正向的方式不行，就會用負向的）；如果爸媽不了解孩子的需求，還會同步造成整天都留在家裡的那個孩子，用「更黏」的方式，試圖霸占爸媽所有的注意。這樣的狀況，如果不積極地協助孩子（和父母自己），恐怕手足的衝突只會愈演愈烈，或是等到其中一方「敗下陣來」，自以爲是地告訴自己比另一個孩子「不重要」。

分別獨享父母的關愛，手足關係更融洽

為了讓孩子可以安心，可以享受父母全心全意的愛與關注，我們從優幼開始時，就提倡「和孩子單獨約會」這個模式，由爸媽其中一人（如果可以兩個人更好，可以把另一位孩子交由親朋好友照顧），陪其中一位孩子「做孩子想做的事」（不是去逛大賣場喔，除非孩子想要），過程中充滿親子的幸福和愉快（但不見得需要買東西）。然後過一段時間再交換，帶另一個孩子享受單獨的約會時光。

時間不拘，有可能是一整天，有可能是一個晚上，也有可能只有一個小時……記住，過程中是要「做孩子想做的事」，而且父母不要跟孩子吵架、鬥嘴、嘔氣（這樣就不幸福，也不愉快了）。

在幸福的約會後，可以讓孩子知道，爸媽的愛，並不會因為有其他的兄弟姐妹而被分掉或減少，相反的，愛是無限量的，是會因為愉快的互動而更多的，讓孩子可以徹底地安心。同時也會發現，當手足有「愉快的分離」後，就會有「小別勝新婚」的樣子，相處反而會愈來愈融洽。

透過民主式家庭會議，審視親子關係

曾有家長問：「要怎麼開始呢？」我們建議，所有「家庭」的事，都可以交由「民主式的家庭會議」來進行溝通討論，爸媽可以在家庭會議中提出建議，說自己看到有老師建議（老師自己也在執行）安排手足和爸媽單獨約會，然後看孩子的反應。

多數的孩子會很期待這樣的模式；但也有孩子會誤以爲這是「另類處罰」而不敢答應（這就要回溯平常的教養模式了）；也有的孩子會開始計較公平性或誰先誰後（這也是教養模式需要調整的訊號）；還有的孩子，會說不想跟爸爸約會（爸爸聽到都快哭了）……唯有孩子有機會（在民主式的家庭會議中）勇敢表達自己的眞實感覺，父母才有機會覺察自己和孩子的關係，是不是有修正的空間。

期待每個孩子和家庭，都能擁有「優質的幼年經驗，共好的親子關係」。

手足挑戰的重點

* 當手足產生衝突時，爸媽要避免自己擔任「裁判」的角色，或甚至直覺地認為哥哥姐姐應該要讓弟弟妹妹。
* 親子的愛是無法被「量化」的，既然無法量化，自然無法公平。我們要不斷地讓孩子知道，爸媽的愛，並不會因為家庭成員變多，而被分掉。
* 當明顯的手足比較、潛在的手足比較都不復存在，而是看到孩子的個別差異，自然會激發孩子向上、向善的本能。
* 「和孩子單獨約會」讓孩子可以安心，可以享受父母全心全意的愛與關注，且當手足有「愉快的分離」後，就會有「小別勝新婚」的樣子，相處反而會愈來愈融洽。
* 唯有孩子有機會（在民主式的家庭會議中）勇敢表達自己的真實感覺，父母才有機會覺察自己和孩子的關係，是不是有修正的空間。

國家圖書館出版品預行編目 (CIP) 資料

綠豆粉圓爸遇見阿德勒的九堂教養課：別教孩子聽話，又教孩子別聽話！自我啟發從小灌溉，讓爸媽懂自己、也讓孩子做自己／趙介亭著. -- 初版. -- 臺北市：麥田出版：家庭傳媒城邦分公司發行, 2016.11
面；　公分

ISBN 978-986-344-398-8（平裝）

1. 親職教育　2. 育兒

528.2　　105019461

綠豆粉圓爸遇見阿德勒的九堂教養課

別教孩子聽話，又教孩子別聽話！自我啟發從小灌溉，讓爸媽懂自己、也讓孩子做自己

作　　者／趙介亭
責任編輯／余純菁
封面設計／比比司設計工作室
插畫繪製／馮聖欣
國際版權／巫維珍、蔡傳宜
行　　銷／艾青荷、蘇莞婷、黃家瑜
業　　務／李再星、陳玫潾、陳美燕、枏幸君
主　　編／蔡錦豐
總 經 理／陳逸瑛
編輯總監／劉麗真
發 行 人／涂玉雲
出　　版／麥田出版
台北市中山區 104 民生東路二段 141 號 5 樓
電話：02-25007696　傳真：02-25001966
blog：ryefield.pixnet.net/blog
發　　行／英屬蓋曼群島商家庭傳媒股份有限公司城邦分公司
台北市民生東路二段 141 號 11 樓
書虫客服服務專線：02-25007718・02-25007719
24 小時傳真服務：02-25001990・02-25001991
服務時間：週一至週五 09:30-12:00・13:30-17:00
郵撥帳號：19863813　戶名：書虫股份有限公司
讀者服務信箱 E-mail：service@readingclub.com.tw
網址：www.cite.com.tw
香港發行所／城邦（香港）出版集團有限公司
香港灣仔駱克道 193 號東超商業中心 1 樓
電話：852-25086231　傳真：852-25789337
E-mail：hkcite@biznetvigator.com
馬新發行所／城邦（馬新）出版集團
【Cite(M) Sdn. Bhd.】
地址：41, Jalan Radin Anum, Bandar Baru Sri Petaling, 57000 Kuala Lumpur, Malaysia.
電話：603-90578822　傳真：603-90576622
電郵：cite@cite.com.my
總 經 銷／聯合發行股份有限公司　電話：02-29178022　傳真：02-29156275
排　　版／游淑萍
製版印刷／中原造像股份有限公司

初版一刷／ 2016 年 11 月
初版二刷／ 2018 年 9 月
定價／ NT$ 320
ISBN ／ 978-986-344-398-8